【年収2000万円】10円玉1枚で勝ち続けるFX攻略

ぱる出版

はじめに

はじめまして　元2、000億円アナリスト　ヘッジファンドバンキング株式会社の山崎　毅です。今日はこの本を手にとって頂きどうもありがとうございます。

これまでにＦＸを経験したことがある人も、経験したことがない人も、過去に負けてしまって、また、やってみようかなぁ？と思い返している人も、是非、この本をきっかけに、僕のように勝ち続けるトレードを知って頂けましたら幸いです。

特に、今回は、初心者でも分りやすい「10円玉1枚で勝ち続けるＦＸトレード方法」からＦＸの基本的理論をお話し、低リスクで勝てる投資法をお伝えしていきますので、参考にしてください。

「これまで相場で損してきたけど大丈夫ですか？」

「チャートにずっと張り付くのはイヤなんだけど……」

「本当に稼げるようになりますか？」

などなど、トレードをした方であれば、誰でも気になるようなご質問にもお答えします。


ＦＸは、誰かが勝てば、誰かが負けるという市場の中でこんなにノウハウを公開してしまって良いの？と言うお声も届きましたが、僕は、日本人が為替のカモと呼ばれている実態が気に入らないのです。特に、個人投資家は騙しに騙されて負けやすいと思います。これは、僕が世界の相場でプロとして実践してきたので余計にそう思うのです。

同じ日本人の１人でも多くの人が、勝てる投資家になって欲しい、勝てる投資方法を知って欲しい、勝てるＦＸトレーダーになって欲しい、そんな精神と言うか、同じ日本人としての同盟で世界に誇るトレーダーを養成していきたいという思いも込めて、今回、「10円玉1枚で勝ち続けるＦＸトレード方法」を執筆させて頂きました。

こちらの書籍が出版されるにあたり、協力して頂きましたぱる出版、また、編集に携わる表社長、渡辺君、モッズさん、他、スタッフの方々に心より厚く御礼申しあげます。

今後、ＦＸに少しでも興味を持ち、ＦＸだけで世界中を飛び回りながら自由に生きていきたいという方のためにも、門戸を広げてお待ちしております。

元2、000億円アナリスト
ヘッジファンドバンキング株式会社　山崎　毅

目次

【第2章　10円玉であなたの運命を変える10円玉で負けない理論】……P33

【第3章 「10円玉1枚で勝ち続けるFXトレード方法」体験】…………P45

【第4章　勝ち組理論 勝つテクニック】…………P61

【第5章　2、000億円アナリストの勝ち続ける技術】

【第6章　FX投資で勝ち続ける人、負ける人】……P117

【おまけ　必ず押さえておきたいFXの基礎】……P156

編　集　渡辺晃彦
制作進行　表　敏
デザイン　平谷勇樹
　　　　　柳　奈苗
編集協力　高橋直嗣
　　　　　桜井美帆
校　正　齊藤静香
イラスト　並木モッズ
企　画　デュマデジタル

第1章

負けの理論…　勝率50%で勝ち続ける為に

【なぜ　FXで勝つことができないのか？】

なぜ　FXで勝つことができないのか？

FXでは、勝てる人と負けてしまう人がいます。勝ち続ける人も、ごくわずかです。9割の人が負けてしまうと言われるのがFXの世界です。

でも、私のように5年間勝ち続け、今後も負けることはない、勝つ自信がある人間がいるのも事実です。

では、この勝てる人と負けてしまう人の違いは、一体、何でしょうか？

イメージをしてください。

はい。それには、大きな違いがあるのです。

F1マシンの車を初心者のあなたが運転したらどうなるでしょうか？

イメージができましたか？

もしも、あなたが初心者の状態でF1のレースに参加することになったらどうでしょうか？

怖いですよね？　おっかなビックリでも運転をしますか？

おそらく、何の運転の知識もない初心者が、い

■ FXトレードでなぜ勝つことができないのか？

F1マシンを初心者ドライバーが運転したらどうなるか？

© Vector Open Stock 2014

きなりF1のレースに参戦しても、事故を招く結果になることでしょう。

FXトレードも同様で、何の知識もない人がいきなりFX投資を始めても、負けてしまう可能性が高いのは当然です。

例え、どんなに優秀な手法を知っていたとしても、使い方を知らずにFX投資を始めると大事故を起こしてしまいます。

あなたは、事故になると分かってF1レースに参戦しますか？　練習も何もしたことのない初心者です。やっぱり危険だと分かりますよね？

つまり、正しいFXのトレード知識を知らない

© Vector Open Stock 2014

まま、安易に投資をし、操作技術（手法の使い方）を知らないまま挑戦してしまい、負けてしまうのは、至って当然の話なのです。

特に、ギャンブルのように１００万円の投資金があっても全額つぎ込んでしまう方、無知すぎます。１００万円があったら本当にどれくらい増やしていけることか……。

とてももったいない話です。短い期間で高額を稼ぎたいという気持ちは分かりますが、急がば回れです！ゆっくりと地道でも勝ち続けられれば最終的には驚くほど加速的に増やしていけるのが投資の醍醐味です。

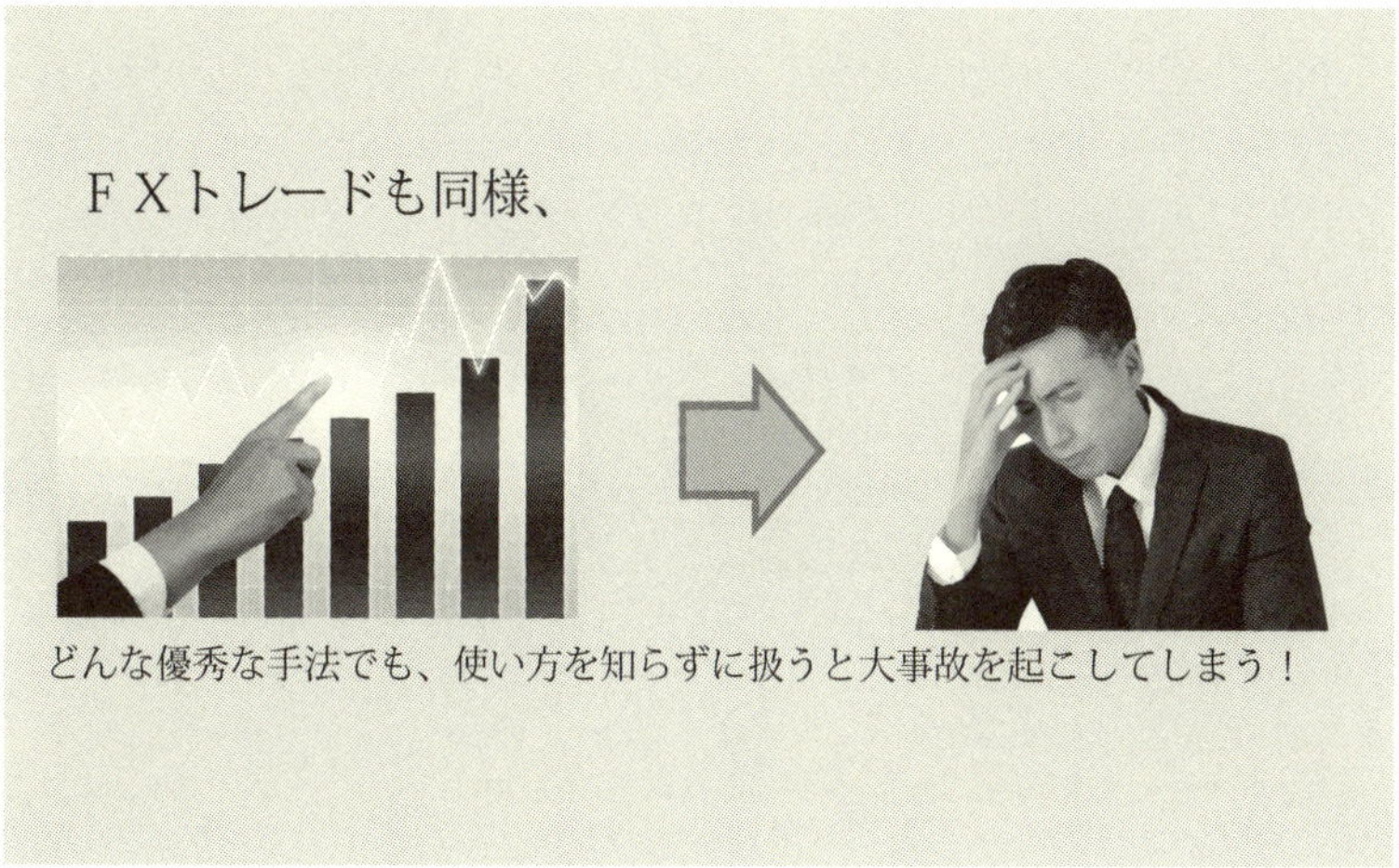
ＦＸトレードも同様、
どんな優秀な手法でも、使い方を知らずに扱うと大事故を起こしてしまう！

甘い言葉や誘惑に負けずに、しっかりと、この本で、負けない方法も学んでください。

大きく勝つよりも、負けないこと必須で、トータル的には勝ち続けるＦＸトレーダーになりましょう。

まずは、きちんと、操作方法を学び、投資の基本を学び、手法のノウハウも初めに学びましょう。勝てるかも。と思ってすぐに飛びつくのは危険です。負けない投資のために、３か月くらいは学びの時間として勉強したり、デモトレードで練習して勝つ自信をつけてからでも遅くはありません。

つまり、正しい知識（トレード知識）と操作技術（手法の使い方）を知らないから負けてしまう。

【経験者の陥りがちな失敗パターン】

さて、突然、あなたがＦ１ドライバーになったら事故を起こしそうだということが分りましたね？

しかし、スポーツカーが好きで、少しでもレーサー経験をしたことがある人だったら、少しは意見が違うことでしょう。ＦＸでも、同じように、全くの初心者であれば、素直に私の伝えたいことも伝わるのですが、少し経験者となると一番やっかいです。

© Vector Open Stock 2014

少しの経験者は、自分は、ＦＸの手法もたくさん知っているし、使い方だって分かっている！と豪語するからです。

それでは、少しの経験者の方に質問です。

■証券会社等のレポートやコラムを参考に取引する。
■ニュースや政府見通しを参考に取引する。
■トレードシグナルをしばしば読み間違える。
■トレードの調子が悪いと身体的不調をもよおす。
■トレードのことで頭が一杯になってしまい、何も手につかない。

あなたは、こんな経験がありませんか？

いかがでしょうか？

このような方法で取引している人も負けやすい人と言えるのです。このような経験にピンと来た方はトレードの知識不足と言えるからです。やはり、初心者であれば、頼りたい気持ちは重々承知です。でも、他人に頼らなくてもあなたには勝てる方法があります。世の中の事象を良くしらなくても、相場の予想なんてできなくても、国際事情が分からなくても勝てる方法があります。任せてください！

【知識と手法は必須ですが……】

いやいや、知識不足だなんて、そんなことはないっと言い切れる方、それではこちらの経験はどうでしょうか？

■トレード開始前に利益確定ポイントと損切ポイントを設定しない。
■取引ルールがシグナルを出す前に売買してしまう。
■ポジションがロスカットに到達する前に反対ポジションを待つ。
■トレードに対する漠然とした恐怖や不安がある。
■一度に資金の40％以上を失ってしまった。

こちらの経験がある方も、やはり、ＦＸで失敗しやすいと言えそうです。特に初心者は損切りについてよく分かっておりませんし、資金が多ければ、その割合で損切りは必要なく、相場が戻るタイミングを待って待って待ってそれまでトレードできずに塩漬け状態になっている人もいます。それでは、コンスタントに目標金額を達成できるとは思えません。そういう人は、負けるときに大きく負けて、結局、コツコツと勝っていた時の利益以上に負けてしまうという結果をうみやすいからです。

つまり、ＦＸで勝つためには、「勝つための知識」と「勝つための手法」が必要であり、また同時に、それらを正しく使いこなせるトレーダーが、勝ち続けられると言えるのです。

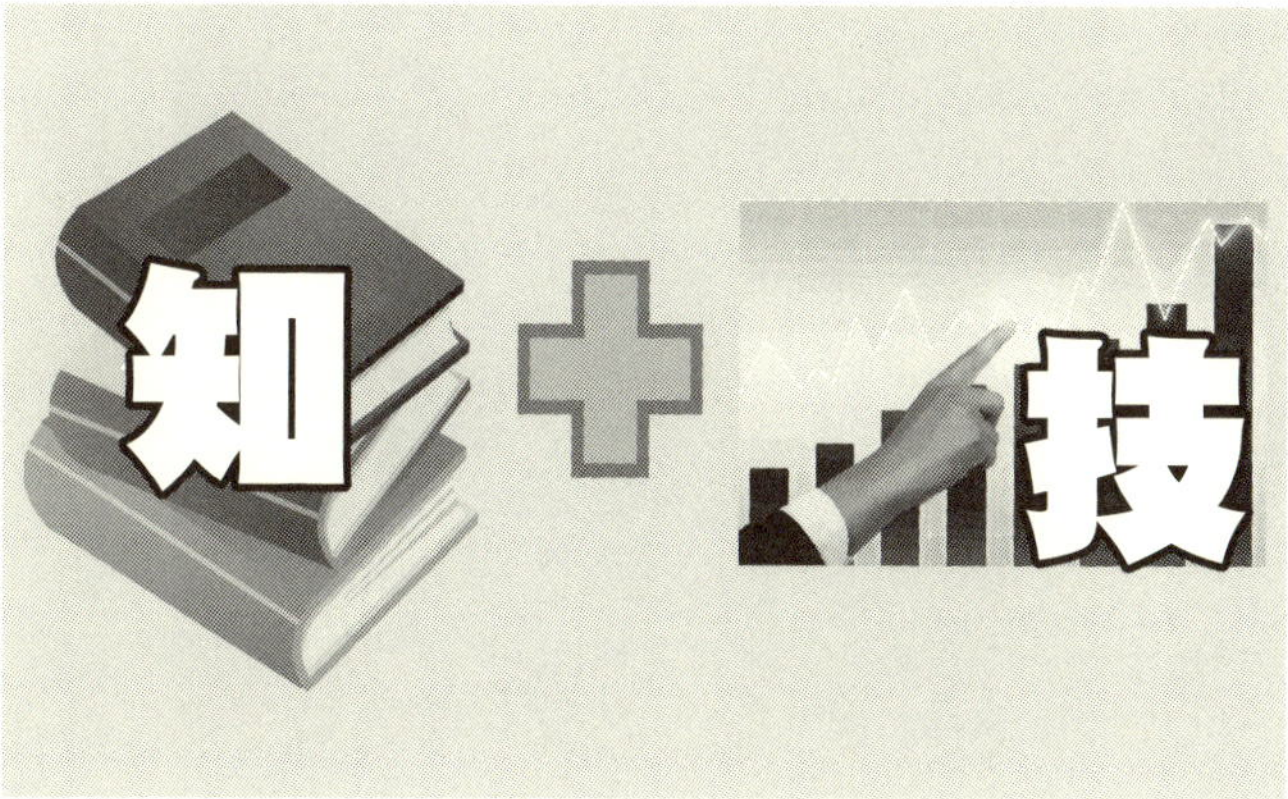

あなたもその方法を学び実践してみてください。

【ＦＸで勝つための知識とは何なのか？】

まずは、ＦＸ投資そのものに対して、手法というテクニックやトレンド、未来予測など、何も知らなくてできない初心者でも、10円玉1つで勝てるようになるメソッドがあったら知りたいと思いませんか？

「10円玉1枚で勝ち続けるＦＸトレード方法」です。

第2章で、実際に、一緒にコイントスを実践しながら、投資で勝てるようになるノウハウを身につけましょう。

つまり、

FX で勝つには「勝つための知識」と「勝つための手法」が必要であり、また同時に、それらを正しく使いこなせるトレーダーになる必要がある！

【10円玉1枚でFX勝ち組になろう】

それでは、「10円玉1枚で勝ち続けるFXトレード方法」とはいったい、どういったものなのか？ ご説明させて頂きます。

果たして、10円玉1枚でFX勝ち組にはなれるのでしょうか？

もしも、それが本当なら、あなたもFXに挑戦してみようという気分になりませんか？

既に、負け組実践者であれば、今度こそ、勝ち続けたい！ と再挑戦する気分にな

■ FXトレードで勝つための知識とは何なのか？

トレード前にしなければならない準備とポイントを理解しよう！

ることでしょう。
実は、この本当に簡単な「10円玉1枚で勝ち続けるFXトレード方法」を知らずに、FXの世界に足を踏み入れて、お金を溶かして負けてしまう人が本当に多いことが気になります。

簡単すぎて、それは、知識としては知っていると言われても、実践できていないなら、知らないも同然です。この事実の重さを軽視しているために、後で泣くようなことにならないようにしつこくお伝え致します。

実際には、自分で失敗してみないと話を聞かない人もたくさんいますから、負けても良いのです。誰でも1度や2度は、負ける経験をしていることでしょう。

しかし、それを2度と繰り返さないように私は申しあげたいのです。

さて、ＦＸ投資の世界は、非常に簡単で、ゲームのような感覚でスマホでも簡単にできてしまうことでしょう。しかし、最初にお伝えした車の運転で例えると、まるで、アクセルとブレーキ、ギアやハンドルの場所を知らない人が初心者です。アクセルとブレーキとギアとハンドルというものがあることは分かっていて、頭でイメージはできていても、実際に、あなたの車のどこにあるのかを確認しないで、むやみに車を運転し始めるようなものです。

なんとなくは分かるから、自分でも運転できそうな気持ちになりますよね？　この気持ちに要注意です。自分でも運転できそうな気持ちになっても、死ぬと分かったＦ１なら運転は控える気持ちを思い出してください。

次に、自転車にあなたが初めて乗った時も思い出してください。自転車というのは、ハンドルを握って、操作して、足でペダルをこぐだけです。イメージすれば、場所の確認だって分かります。こげそうな気がしますよね？

だけど、自転車の運転を生まれて初めて一人で乗った途端に上手に乗れた人は皆無かと思います。何回か練習をしてバランス調整をしながら、徐々に自転車に乗れるようになったと思いませんでしたか？

その踏み出し第一歩で間違えてはいけないし、忘れてはいけない投資の初歩的理論が「10円玉1枚で勝ち続けるＦＸトレード方法」です。簡単過ぎて、あなたはバカにするかもしれませんが、この簡単な方法で本当に勝てるようになるのに、この簡単な方法を馬鹿にした人達が、基礎も守らずに高度な手法で勝とうとするので大損もするのです。

例えば、どんなにデザインのカッコイイ家を設計したとしても、基礎が甘かったらその家は倒れてしまいますよね？　底が抜けたり、天井が落ちてくるような家では安心して生活もできません。ＦＸは巷ではギャンブルと一緒だからやめろと言う人たちもいるかもしれませんが、本当はそんなことはないのです。

仮に、ギャンブルとしましょう。それでも、ギャンブルで勝ち続けている人達がほんの少しの人数いて、それが、偶然ではなくて、ある方程式に基づいた誰でも再現できる方法を知っているだけの違いだったら……。

あなたもその方法を知りたいと思いませんか？　そんな誰でも再現できるＦＸで勝てるようになる方法が「10円玉1枚で勝ち続けるＦＸトレード方法」です。しっかりと心得てください。

【勝率50％に意味がある「10円玉1枚で勝ち続けるFXトレード方法」】

それでは、第2章で実際に「10円玉1枚で勝ち続けるFXトレード方法」を実践していきましょう。その実践の前に知っておいて頂きたいことをお伝え致します。これは、あなたと私のお約束です。

あなたはこれから「10円玉1枚で勝ち続けるFXトレード方法」の理論について学びます。学びましたら、必ず、決めたルールを守ってください。知識も分かって、理解もして、学んだけれども、軽んじてルールは守らない、または、守れない人達が多いからご注意です。

今後のFXの世界で負けていくからです。このルールを守ることの大切さを知らない人達があまりに多いのです。負けたら2度とFXなんてやりたくなくなりますよね？

どうせ負けたし……

やっぱり負けたよ……

そんな負け組のまま人生を終わらせないでください。是非、勝って、勝って、勝ちまくり、あなたの夢を叶えてください。自分に自信をつけてください。期待しております！

それでは、そもそも「10円玉1枚で勝ち続けるFXトレード方法」とは一体何なのか？についてご説明させて頂きます。

まずは、誰にでもできる簡単なコイントスにおいて、投資の基本を学んでいきましょう。コイントスとは、コインを適当に投げて、表が出るか？裏が出るか？それによって、表が出たら買う（ロング）、裏が出たら売る（ショート）というようにルールを決めて投資を行うものになります。

　この「10円玉1枚で勝ち続けるFXトレード方法」の肝になる部分は、勝率が完全に50％になるという確率論です。何度も何度も回数を重ねれば、勝率50％となるという訳です。だから、勝率50％にはならない傾きのあるもので賭けてはいけません。

　例えば、明日、天気になるか？ 下駄を放って、表が出たら晴れ、裏が出たら雨というようなものであれば、下駄の鼻緒があって、どちらかに傾きやすくて、50％にならない傾向が強いので、こういうあいまいなものは対象外となります。

　高い確率で、50％の確率になる！ というものが「10円玉1枚で勝ち続けるFXトレード方法」ということをお忘れなく……。

　途中で70％の勝率になって浮かれていたら、30％しか勝てなくて青ざめていくものではなくて、それも、ずっとずっと継続していくと、50％になる！　というところがポイントとなります。

もちろん、それだけではただの丁半博打で、だから、やっぱりギャンブルじゃない？　と思われがちですが、資金管理と組み合わせることで勝率を上げて勝ち組になれる方法ですので、いざ、実践していきましょう。

第１章の重要ポイント

「10円玉１枚で勝ち続ける
ＦＸトレード方法」の勝率は？

答えはＰ173へ

第2章

10円玉であなたの運命を変える
10円玉で負けない理論

【10円玉1枚でＦＸ勝ち組になるためのステップ】

それでは、本当に、10円玉1枚で、ＦＸ勝ち組になるためのステップをご説明させて頂きます。10円玉1枚でＦＸ勝ち組になるためのステップとしては……

ステップ1．10円玉で負けない理論を学ぶ
ステップ2．いくらの資本でいくら稼ぎたいのか？
（目標を決める）
ステップ3．リスクリワードを決める（資産計画）
ステップ4．トレンドを読む（勝率を上げる）
ステップ5．ＦＸ投資勝てる手法実践

以上

【検証1　10円玉で負けない理論を学ぶ】

手法を使わずに負けない方法を知る

仮売買ルール1　1日1回コイントスを行い、表裏で「買い／売り」を決定する。

コイントスを行い、表が出たら買い、裏が出たら売る。この取引をしたときの勝率は何%でしょうか？（手数料等は除く）

答えは……？

はい。もう学習しましたね？

トレードで勝つための真実

検証1 手法を使わずに負けない方法を知る

仮売買ルール①　1日1回コイントスを行い、裏表で「買い / 売り」を決定する

コイントスを行い、「表」が出れば買い（BUY）、「裏」が出れば売る（SELL）

この取引を実行した場合の想定勝率 (手数料等は除く）は何パーセント？

答えは……

はい。正解です。

答えは……50％です。

きちんと答えられましたか？　ここは基本ですからしっかりと暗記しておきましょう。今答えられなかった方は、もう一度、第1章【勝率50％に意味がある「10円玉1枚で勝ち続けるFXトレード方法」】P28〜P31を読み直しましょう。

【勝とうとする前に負けない投資理論を学ぼう】

それでは、具体的に「10円玉1枚で勝ち続けるFXトレード方法」を使ってFXトレードを行うルールをお伝え致します。まずは、勝つことよりも、負けないトレーダーになる方法です。多くの人がFXで負けてしまうのは、この理論を知らないからか、知っていても軽んじていて言うことを聞かずに勝つ方法ばかりに目を向けて、試してしまうからです。お試しは、あくまでもデモトレードで完結してください。

大損をしてからでは遅いのです。最初はとにかく、勝ちたい一心かと思います。生活費を稼ぎたい、会社を辞めたい、海外に暮らしたいなど様々な理由があることでしょう。その実現のためにも、まずは、勝つことよりも、負けないトレーダーになる方法から学んでください。負けないということは勝つということです。高額の勝ちに心奪われて欲を出さないようにセルフコントロールしましょう。

【「10円玉1枚で勝ち続けるFXトレード方法」ルール】

① 1日1回、10円玉の「表」が出たら買う。「裏」が出たら売る。
② 利益確定（リミット）100、損切（ストップ）100

このたった2つのルールを、まずは、頭に入れてください。

10円玉の表と裏でトレードをするのは、前回と同じですね。それに、今回は、利益確定（リミット）と損失確定（ストップ）の割合が1対1であることという条件が加わりました。

では、この条件で改めて結果を考えてみましょう。

10円玉で表と裏が出る確率は前回見たとおり50%ですね。ということは、売りと買いの確率は50%ということになります。

その時、利益確定（リミット）と損失確定（ストップ）も1対1なので、結果は、プラスマイナスゼロになることが分かります。

これが、負けないトレーダーになれる理由でしたね。

では、次のステップはこの要素を使って、勝てるトレーダーにステージアップしていきましょう。

「表」が出れば買い、「裏」が出れば売る場合の確率

（※諸条件は考慮しない場合）

50%

表・裏の出現確率は各 50%のため、相場の上昇 / 下落（利益 / 損失）割合がそれぞれ半分ずつだとすれば、この手法の想定勝率は 50%となる。

仮売買ルール②

取引の利益確定 / 損失をそれぞれ 100 にした場合

期待損益＝(100×50％)＋(-100×50％)＝0

つまり、

負けないトレードは手法を使わなくても実現できる。

※過去の取引で勝率が 5 割未満の場合、
勝率を下げている要因が手法やトレーダーにある

【検証2　手法を使わずに勝てる方法を学ぼう】

さて、負けないＦＸトレードを学んで、知識としては分かった……でも、現実的には、ＦＸの手数料がかかったりするし、プラスマイナスゼロでは、何もしないのと同じじゃないかっ！　と言う声が聞こえてきそうですね？

もちろん、これだけでは負けないかもしれませんが、勝ち続けることも難しいでしょう。

仮売買ルール③
1日2回、10円玉の「表」が出たら買う。「裏」が出たら売る。

仮売買ルール④
利益確定（リミット）100，損切（ストップ）90

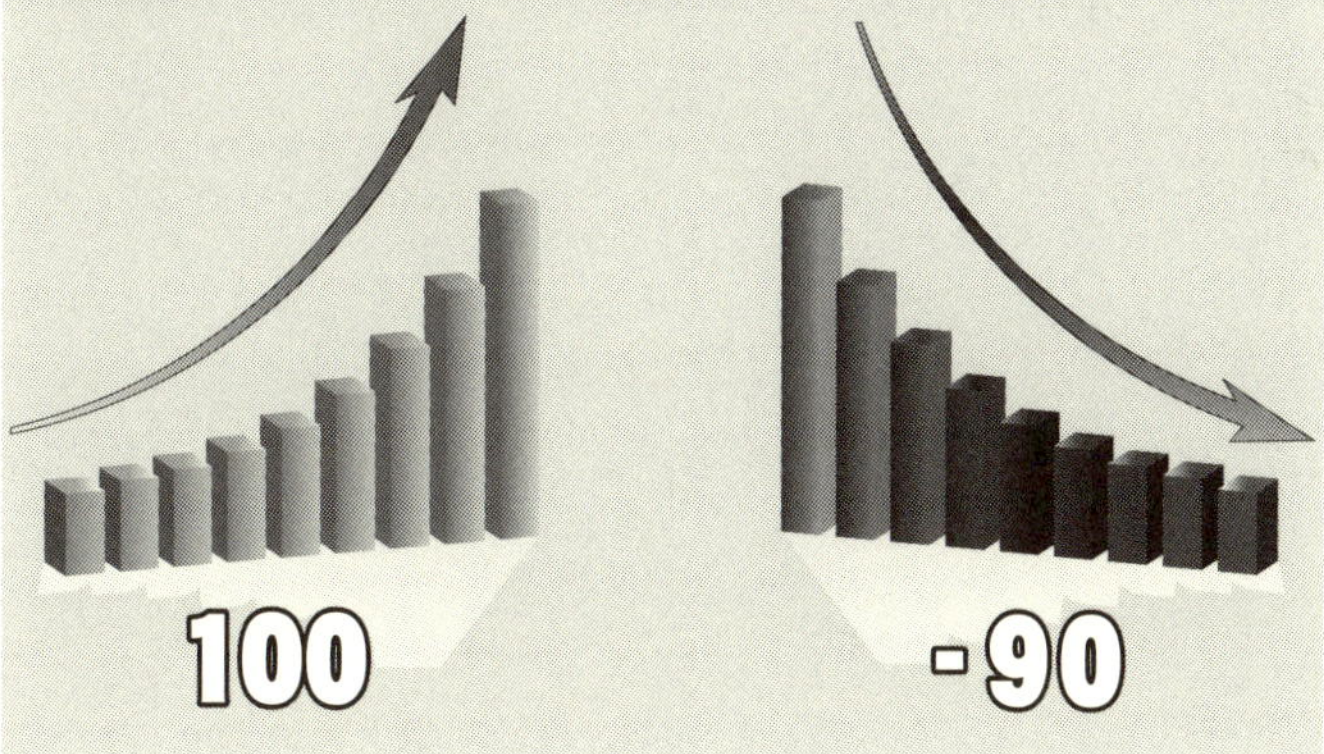

しかし、この考え方にちょっとしたテクニックを加えると、誰でも簡単に勝ててしまうようになるのです。しかも、これまでと一緒で、難しい手法や、投資理論は一切、必要としません。

本当に、そんな方法があるのでしょうか？

そこで、次は、初心者で、何のＦＸの手法を知らなくても勝てる方法をお伝え致します。これも、先ほどの「10円玉1枚で勝ち続けるＦＸトレード方法」の続きになりますので、確実に習得してください。再現性も１００％の方法です。

それでは、スタートしましょう。お楽しみに！

第2章の重要ポイント

勝ち続けるトレーダーになるためには、
勝つよりも前に守らないといけない
ことは？

答えはP173へ

第3章

「10円玉1枚で勝ち続けるFXトレード方法」体験

【たった1枚の10円玉さえ持っていれば勝ち続けるトレーダーになれる方法ルール】

①　1日2回、10円玉の「表」が出たら買う。「裏」が出たら売る。

②　利益確定（リミット）１００、損切（ストップ）90

以上

今回は、トレード回数を1日1回から1日2回に変更しました。そして、利益確定を１００にして、損切を90に変更しました。こうすることでどうなるでしょうか？

リミット&ストップが1対1ではなくなったところがポイントになります。

さて、分かりましたか？

1日あたりの期待損益は、

［（100×50％）＋（マイナス90×50％）］×2＝10

プラス10となりました。

これが、あなたが扱うFX証券会社の手数料よりも高い金額となれば、期待値としてトレード結果がプラスになる！と言えますね。

1度、ポジションを持ってしまったらプロトレーダーでも、その後は結果を待つことしかできません。勝てるトレーダーはトレードを始める前に既に勝ちやすい状況を作っているのです。

1日あたりの期待損益は、

［(100×50%)＋(-90×50%)］×2回＝+10となる

つまり

手法を使わなくても、取引の期待損益をプラスにすることは十分可能！

ポジションを持ってしまったら、プロでも初心者でも後は結果を待つことしかできない

勝てるトレーダーは、トレード始める前に「勝ちやすい状況」を作っている！

そして、このようにトレードの勝ちやすさ／負けやすさは「勝率」と「リスクリワード」の2つで判断できる！と言えます。

もう一度、おさらいをしておきましょう。

「勝率」は、取引回数に対して、プラス取引とマイナス取引の割合を示す勝率は、トレード結果に大きな影響を与えます。

利益確定と損失確定が同じポイントの場合は、勝率によってトレードの勝ち負けが左右され、勝率が高いほど利益が出やすくなります。つまり、50％の勝率を上げていくと利益が上がると考えられます。

■勝率
■勝率と損失の割合（リスクリワード）

採用しているトレード手法の勝ちやすさ・負けやすさはこの２つで判断できる！

勝率

取引回数に対して、プラス取引とマイナス取引の割合はトレード結果に大きな影響を与える。

利益確定と損失確定が同じポイントの場合、勝率によってトレードの勝ち負けは決まる。通常は、勝率が高いほど利益が出やすい。

リスクワード

平均利益と平均損失の割合は、取引に対する期待利益に大きな営業を与える。

平均利益が大きければ、勝率が低くてもトータルで利益がでるし、反対に平均損失が大きければ、勝率は高くてもマイナスになるケースがある。

つまり

トレードの勝ち負けは、取引結果の「勝率」と「リスクワード」のバランスで決まる。

しかし、プロはここで、勝率を上げるよりも前に次のことをします。なぜなら、最も簡単に勝ちやすくする方法だからです。それがリスクリワードの値を変えていくことです。

「リスクリワード」とは、平均利益と平均損失の割合のことで、取引に対する期待損益に大きな影響を与えます。

平均利益が大きければ、勝率が低くてもトータルで利益が出ますし、反対に平均損失が大きければ、勝率が高くてもマイナスになるケースがあります。つまり、トレードの勝ち負けは、取引結果の「勝率」と「リスクリワード」のバランスで決

リスクワード比率（損に対してどの程度の利益を得られているのか？）

利益確定（リミット）	損失確定（ロスカット）	リスク	リワード
平均利益	平均損失	比率	
10	10	1	1
10	7	1	1.4
10	5	1	2
10	3	1	3.3
10	9	1	1.1

リスクワードレシオ
平均利益（pips）　÷　平均損失（pips）
平均利益（pips）　　平均損失（pips）

まるということです。

【ステップ1　10円玉を用意する】

さて、それでは、あなたもまずは、10円玉を用意して、バーチャルで勝ち続けるトレーダーとしてコイントスを実践してみましょう。10円玉を用意してください。

10円玉の表が出たら買います。

10円玉の裏が出たら売ります。

表裏の実践ノート

コイントスをして表が出るか？　裏が出るか？　どちらが出るか？
実践してチェックしてみましょう。

回数	結果	
	表・buy	裏・sell
1回目		
2回目		
3回目		
4回目		
5回目		
6回目		
7回目		
8回目		
9回目		
10回目		
11回目		
12回目		
13回目		

【ステップ2　コインを投げる】

それでは、実際にコインを投げて勝率50％になるまで、毎日勝ち続けるトレーダーになったつもりでコインをふってみましょう。

10円玉の表が出たら利益確定（プラス100）。

10円玉の裏が出たら損失確定（マイナス90）。

今度は、コイントスで10円玉の表が出たら利益確定（プラス100）とします。10円玉の裏が出たら損失確定（マイナス90）とします。10回勝負の実践ノートに書き込んでいきましょう。

勝ったの負けたの実践ノート

先ほどは表が出たら買いでしたが、今度は表が出たら勝ちとします、裏がでたら負けですね。あなたは何回勝てるかな？

回数	結果	
	表・buy	裏・sell
1回目		
2回目		
3回目		
4回目		
5回目		
6回目		
7回目		
8回目		
9回目		
10回目		
11回目		
12回目		
13回目		

【ステップ3　勝率50％を知る】

さて、あなたの勝った負けたの実践ノートではどんな結果が出ましたか？　10回戦のうち、何回勝って、何回負けたでしょうか？　10回のトータルでは、勝者になりましたか？　敗者になりましたか？

はい。これだけでは、まだ、ただのギャンブラーと一緒です。運試しの投資法にしかすぎません。

ここで大切になるポイントは、先ほど覚えた「勝った&負けた」でワンタームという勝率は50％になるまで勝負を続けるというところです。

例えば「勝った&勝った&負けた&勝った」であれば、まだワンセットになりませんから、あと負けが2回出るまで続けます。続けている間にまた勝ちが出れば、負けの数が同じになるまで止めないでください。同じ数になったら、やっとそこでワンタームとなります。

1回目	
勝つ	+100
2回目	
勝つ	+100
3回目	
負ける	-90
4回目	
負ける	-90

はい。ここで勝率は50%です。これ、私が今実際にコインを投げて出たリアルな検証結果です。「勝って負ける」の1セットでプラス10でしたから、今回は4回目で勝率50%になったので、プラス20という結果になります。勝ちと負けが1セットでワンタームになると覚えましょう。

【ステップ4　勝率50%のワンタームまで実践】

それでは、もう一度、勝率50%になるまで実践してみましょう。

回数	結果
1回目	**勝つ**
2回目	**勝つ**
3回目	**負ける**
4回目	**勝つ**
5回目	**負ける**
6回目	**勝つ**
7回目	**負ける**
8回目	**負ける**
9回目	**勝つ**
10回目	**勝つ**
11回目	**負ける**
12回目	**負ける**

はい。今回は、12回目でやっと勝率が50%になりました。少し長かったけれど、このように勝率が50%になる時が確率論では来ると考えられています。これをワン

タームとして勝負を継続していくイメージです。

この時を拠点にワンタームとして、ここまで勝負を継続するようにしてください。

そして、今回の場合、プラス10の利益で勝っていくのでプラス60という結果で勝てたと言えます。このようにワンタームを繰り返し、繰り返し継続することで、毎回、プラス10を積み上げていくことができます。

それぞれの勝負では負けている日もあるのですが、理論的にトータルで勝つということです。

大損する人達は、この利益確定と損失確定の割合

において、損失確定の割合の方が大きいことが多々あります。自分の結果を振り返ってみて、心あたりがある人は、まず、この点を気をつけると良いでしょう。

いかがでしたでしょうか？

これで、ワンタームごとに「勝ち&負け」１セットとして勝負を重ねるほど、ＦＸで勝てる投資家となる理論を学べましたね。

次の章では、遅ればせながら、私の自己紹介や実績を含めて過去、トレーダーを教育してきた方法をお伝えしていきたいと思います。

第３章の重要ポイント

毎回プラス 10 積み上げていく場合、
１００になるのは何セット何回勝負
した時でしょうか？

答えはＰ173へ

第4章

勝ち組理論 勝つテクニック

【検証3　手法は一体何のためにあるのか？】

目的と正しい使い方を知る

取引手法とは？

- 売買シグナルを出す
- リミットストップの設定
- トレンド、水準の判断

手法は、

- 売買判断を、相場の動き（実態）から察知するための手段
- 自分の営利目的を達成（期待損益を実現）するための手段

そのため、コイントス判断法では実現できない

- 取引勝率を調整・管理できる
- 利益／損失割合を調整・管理できる

つまり

手法の役割は、取引目標を実現すること

仮売買ルール⑤

コイントス売買手法を移動平均線を使って代替してみよう

これまで「手法」を使わなくてもＦＸトレードで勝てる方法についてお伝えしてきました。それでは、その「手法」とは一体何なのか？　何のためにあるのか？「手法」の目的と正しい使い方を学びましょう。

「手法」の役割を知ることで、あなたの目標達成にも近づくことでしょう。何より、たくさんの手法を知っているのに負けてしまうトレーダーは、この根本的な知識が足りないからです。

「手法」とは、一般的に……

1. 売買シグナルを出すこと
2. リミットストップの設定
3. トレンド、水準の判断をすること

です。

これらは、売買判断を、相場の動き（実態）から察知するための手段であり、自分の利益目標を達成（期待損益を実現）するための手段ということです。そのため、手法は、コイントスでは実現できない勝率を変えられる要素となります。

つまり、手法を使うことで……

■取引勝率を調整・管理できるようになる
■利益／損失割合を調整・管理できるようになる

ということです。

是非、この手法の役割を理解して、取引目標を実現できるようになりましょう。

【正しい勝ち方を知ることの大切さ】

これまで、「手法」は1つも覚えなくて良いとお伝えしていた理由が分かりましたか？

「手法」ではなくて、「正しい勝ち方」＝「10円玉1枚で勝ち続けるFXトレード方法」のような原理原則を覚えて、それを正しく使いこなして、勝つことが大事だということになります。

つまり、手法があるから勝つのではなく、あなた自身が手法を使いこなせるようになるから勝てるようになるのです。

ということは、手法は何を使っても良いということになります。大事なのは、それが、あなた自身の目標利益を達成できるかどうか？　なのです。

トレードで負けている人ほど、実は、手法の正しい使い方や、役割を勘違いしていることが多いです。

あなたも振り返ってみていかがですか？　手法を正しく使えていますか？

次は、トレードでもっとも良く使われる手法である移動平均線を使って一緒に学んでいきましょう。

Win
Lose
手法

【移動平均線の意味】

それでは、具体的に移動平均線を使って、トレードを実践する前に、まず、移動平均線の意味について学びましょう。

移動平均線（Moving Average）とは、

一定期間内の相場の価格変化（終値）の平均値をライン化したものです。

【移動平均線の期間と時間軸】

期間25日の例で考えると次のようになります。

移動平均線（期間25日）

1時間設定＝約1日の平均値

4時間設定＝約1週間の平均値

日足＝約１カ月の平均値

また、期間75日の例で考えると次のようになります。

移動平均線（期間75日）

１時間設定＝約３日の平均値
４時間設定＝約３週間の平均値
日足＝約３カ月の平均値

このように、移動平均線とは、任意の期間内の平均値をチャート上で確認することができるものです。

移動平均線の意味

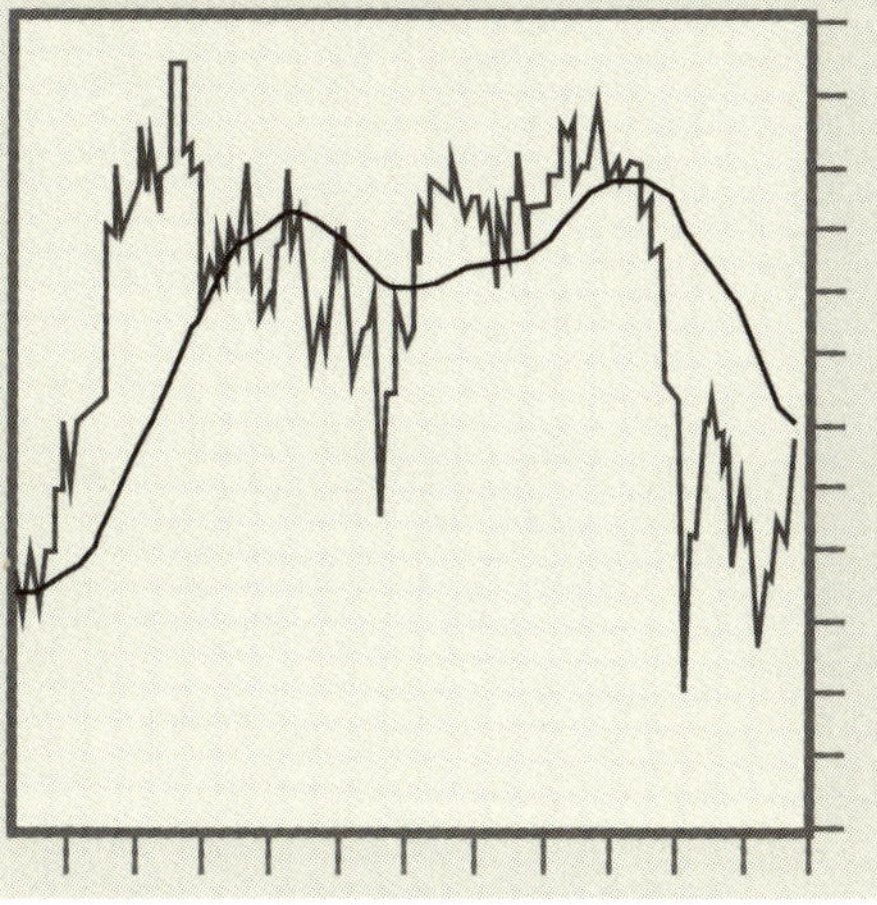

【移動平均線は天気予報の平均気温】

この移動平均線は、天気予報で言うところの平均気温のようなものです。天気予報の平均気温というのは、昨日が10度で今日が20度だった場合、平均気温というのは、15度になりますよね？　平均気温が15度だったからと言って、明日が15度になるものではありません。

これと一緒で、移動平均線だけで売買を判断しても難しいことが分かります。それは、移動平均線というのはあくまでも平均を示しているだけで、未来を予測するものではないからです。

それなのに、負けてしまうトレーダーは、移動平均線の推移をなどで取引を行ってしまっていることがあります。それは、過去の平均推移をただラインで引いてあるだけだということを忘れないでください。

移動平均線だけを見ても「買い」とか「売り」などは、何も記していません。気をつけましょう。

今の段階では、ただの平均線でしかないということを頭に入れてください。この移動平均線の正しい使い方を知った上でトレーディングに反映させないといけないからです。

基本的なことですが、こういったところから振り返ると良いでしょう。

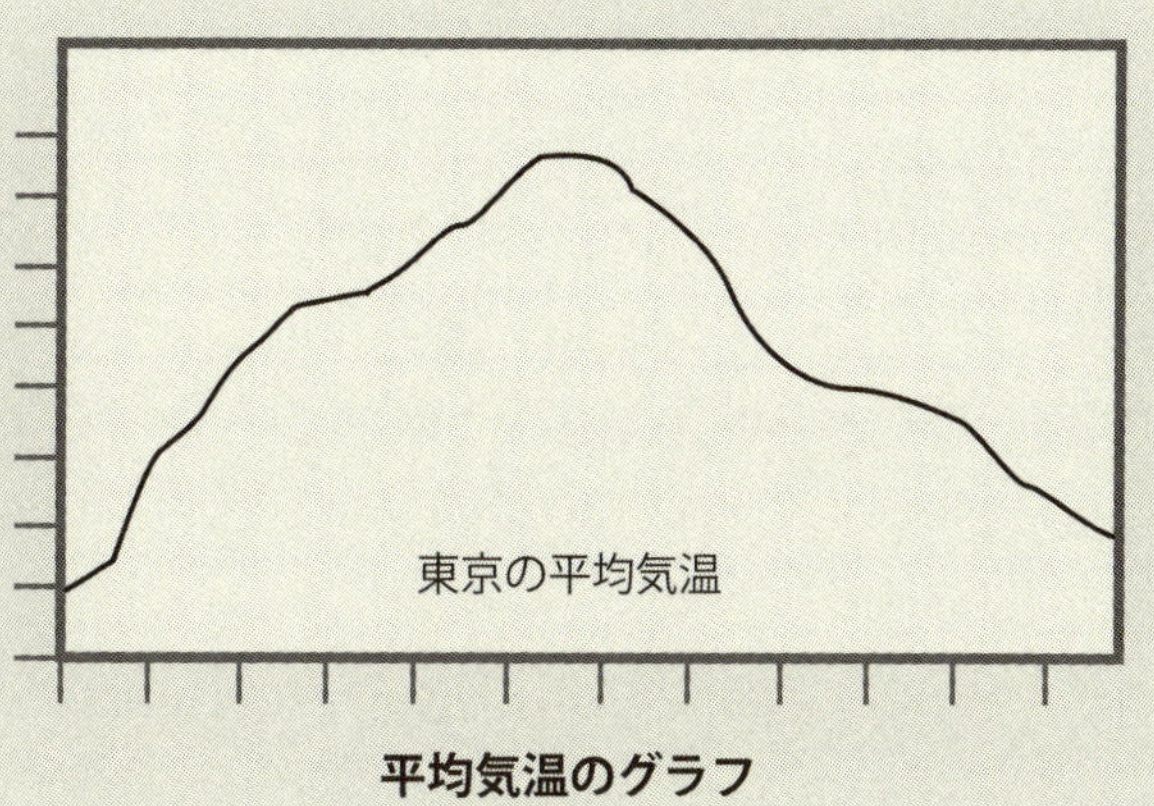

平均気温のグラフ

【検証4　移動平均線を使ってもっと勝率を上げるテクニック】

それでは、実際に移動平均線を使って、手法の勝率を上げていきましょう。

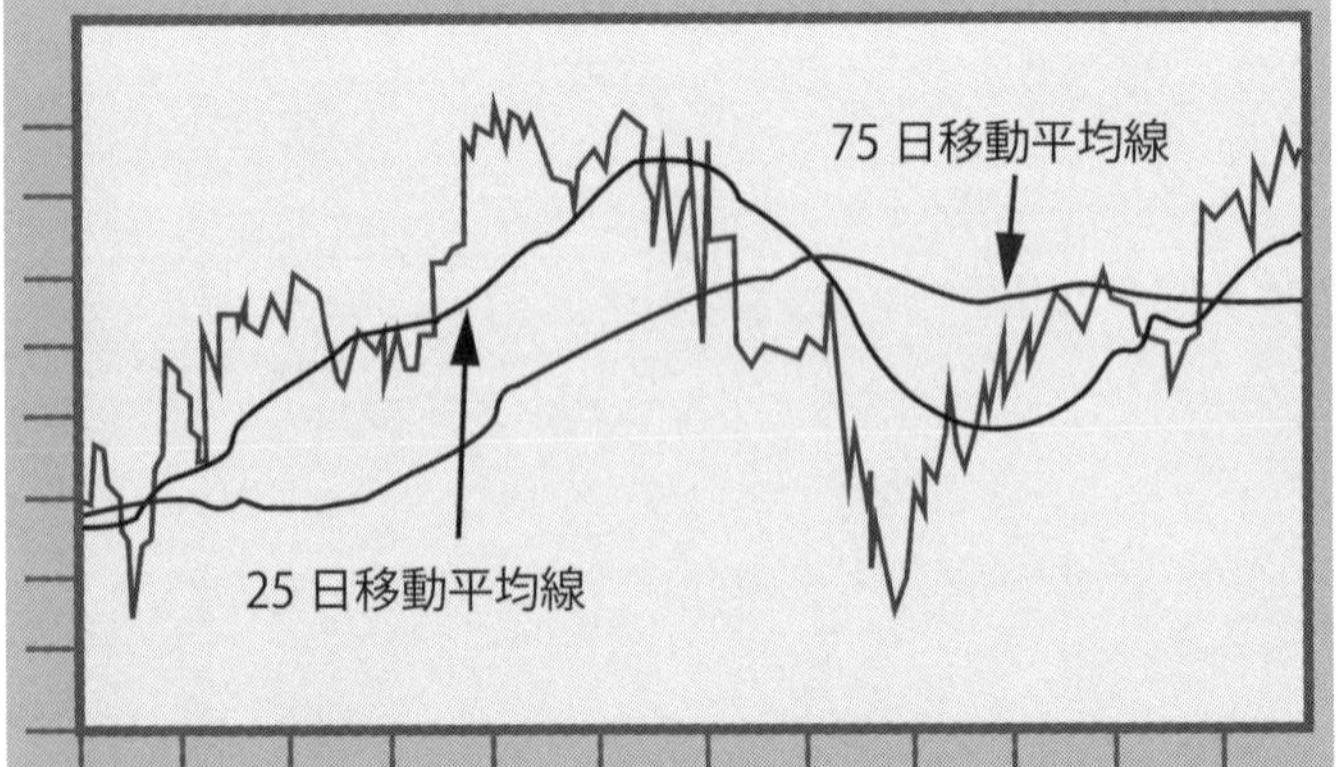

移動平均線のグラフ

その前にまず、マーケットの環境で取引想定勝率が50％になる売買ポイントについて考えます。それは、移動平均線上に価格が到達した時点ということになります。

移動平均線は、期間内の価格変動の拮抗ライン（平均値）を表します。そのため、ライン上に価格が到達した（重なった）ポイントでコイントスを行えば、想定確率は50％になりやすいと考えられます。

これが、先ほど、コイントスの話で見て来た、トレードで負けない手法を移動平均線を使って再現したものになります。このように「手法」を選ぶ際は、自分で描いた取引計画を実現するための手段とすることが大切です。これは、重要なポイントなので、よく覚えておいてください。

今度は、具体的に、移動平均線の2つの特徴から、取引に有利になる条件を考えてみます。

A

移動平均線よりも
相場の価格が下にある場合
←
期間の平均値よりも
現在価格が安いということ

B

移動平均線よりも
相場の価格が上にある場合
←
期間の平均値よりも
現在価格が高いということ

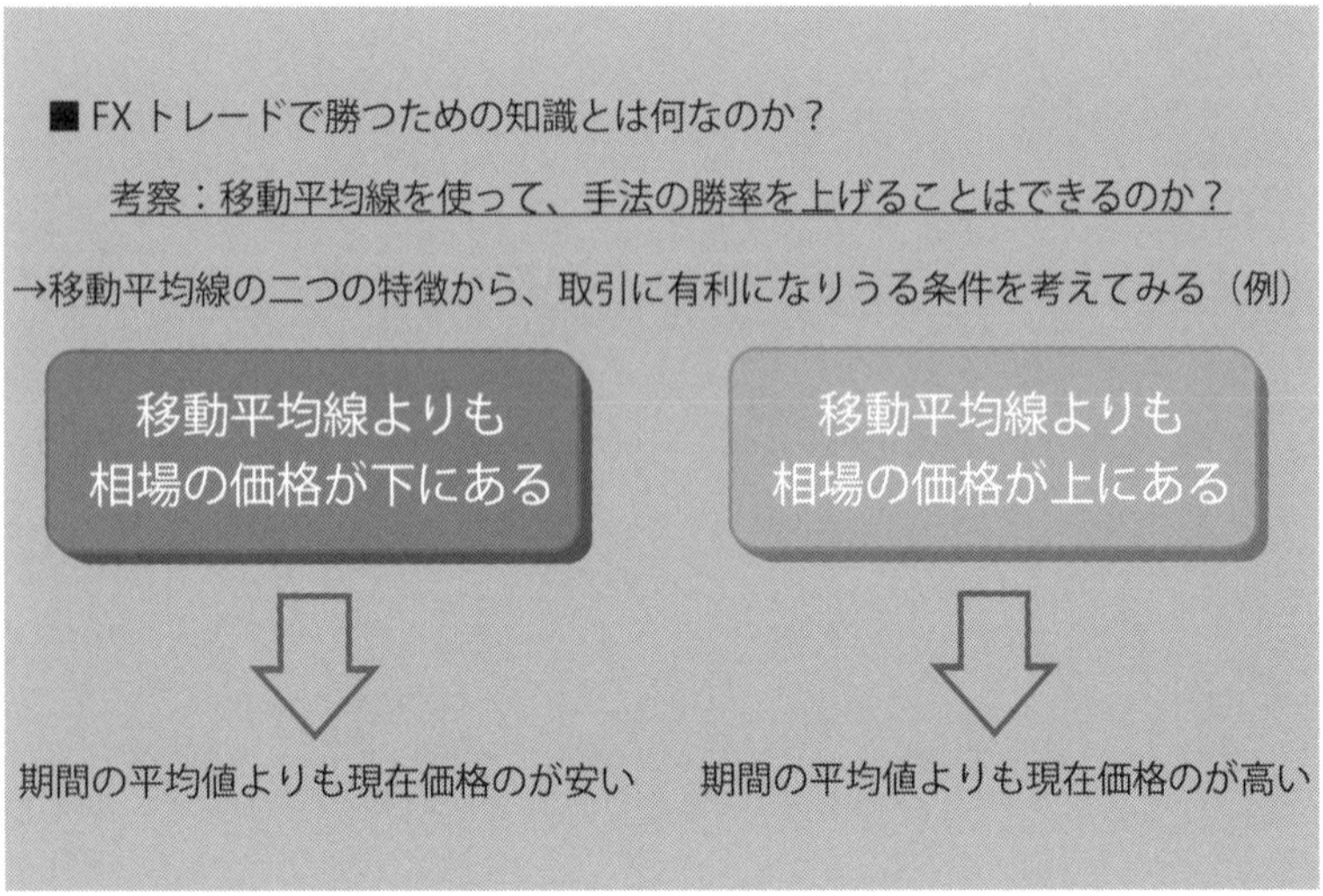

■ FXトレードで勝つための知識とは何なのか？
考察：移動平均線を使って、手法の勝率を上げることはできるのか？
→移動平均線の二つの特徴から、取引に有利になりうる条件を考えてみる（例）
移動平均線よりも
相場の価格が下にある
移動平均線よりも
相場の価格が上にある
期間の平均値よりも現在価格のが安い
期間の平均値よりも現在価格のが高い

■移動平均線のラインが下向きの場合

←平均値がどんどん切り下がっている→足元にかけて下がり続けているという見方ができるから、下向きのトレンドが出ていると考えられる

←移動平均線よりも価格が上にある時に売る

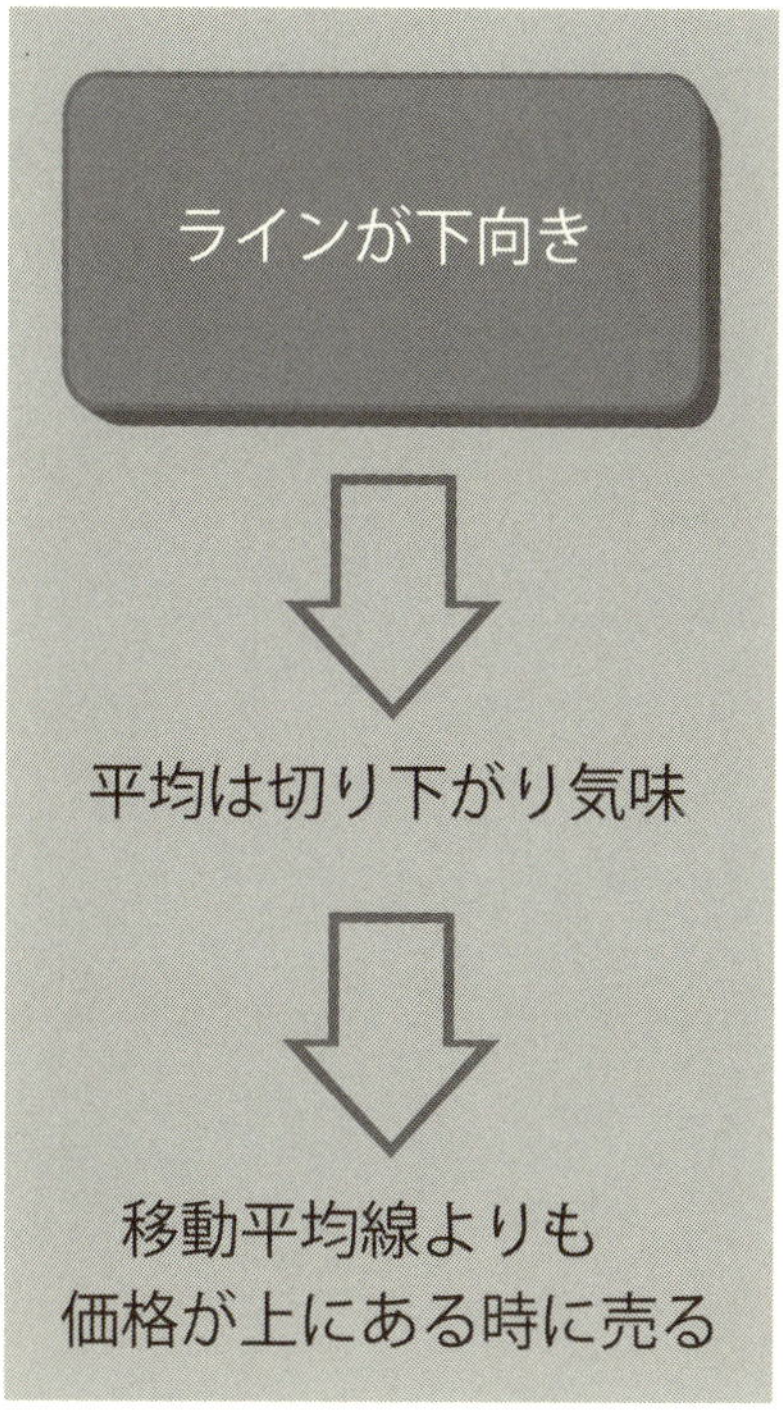

■移動平均線のラインが上向きの場合

↓

平均値がどんどん切り上がっている→足元にかけて上がり続けているという見方ができるから、上向きのトレンドが出ていると考えられる

↓

移動平均線よりも価格が下にある時に買う

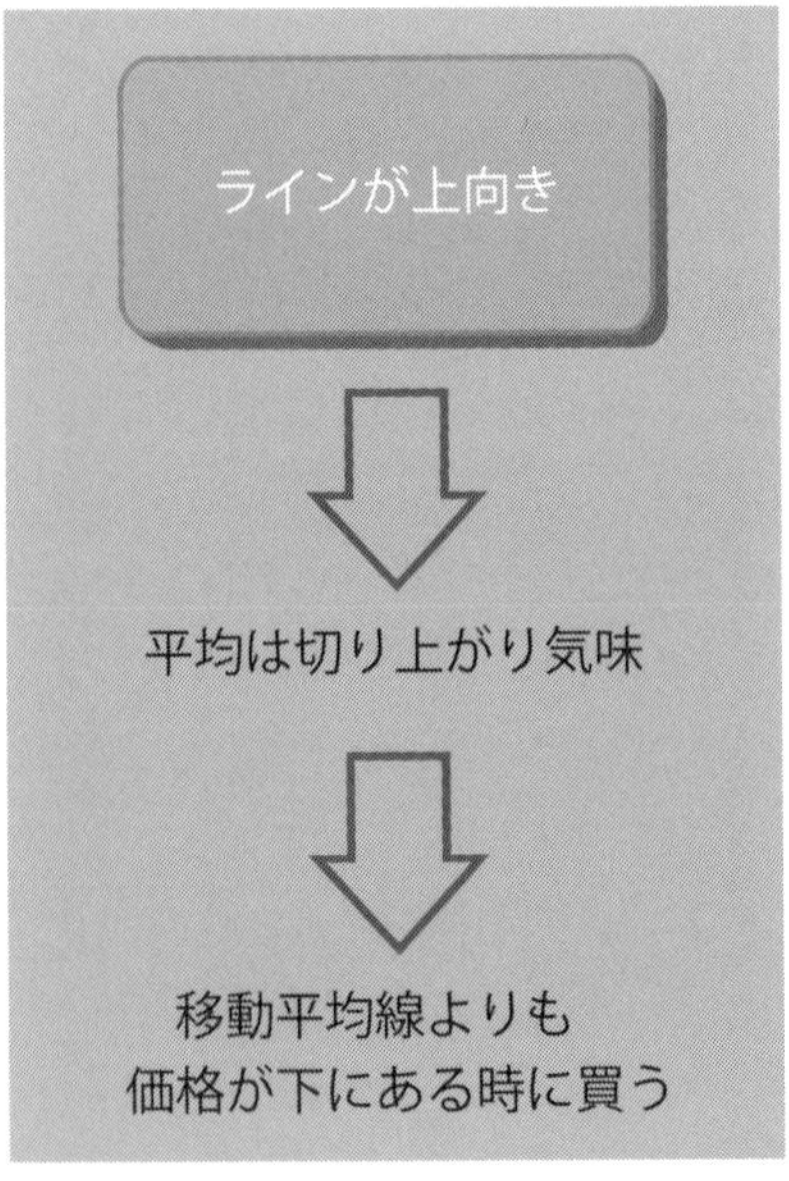

■ 移動平均線のラインが横ばいの場合
←　平均値は横ばいと考えられる
←　移動平均線よりも
価格が下にある時は買い、
上にある時は売る

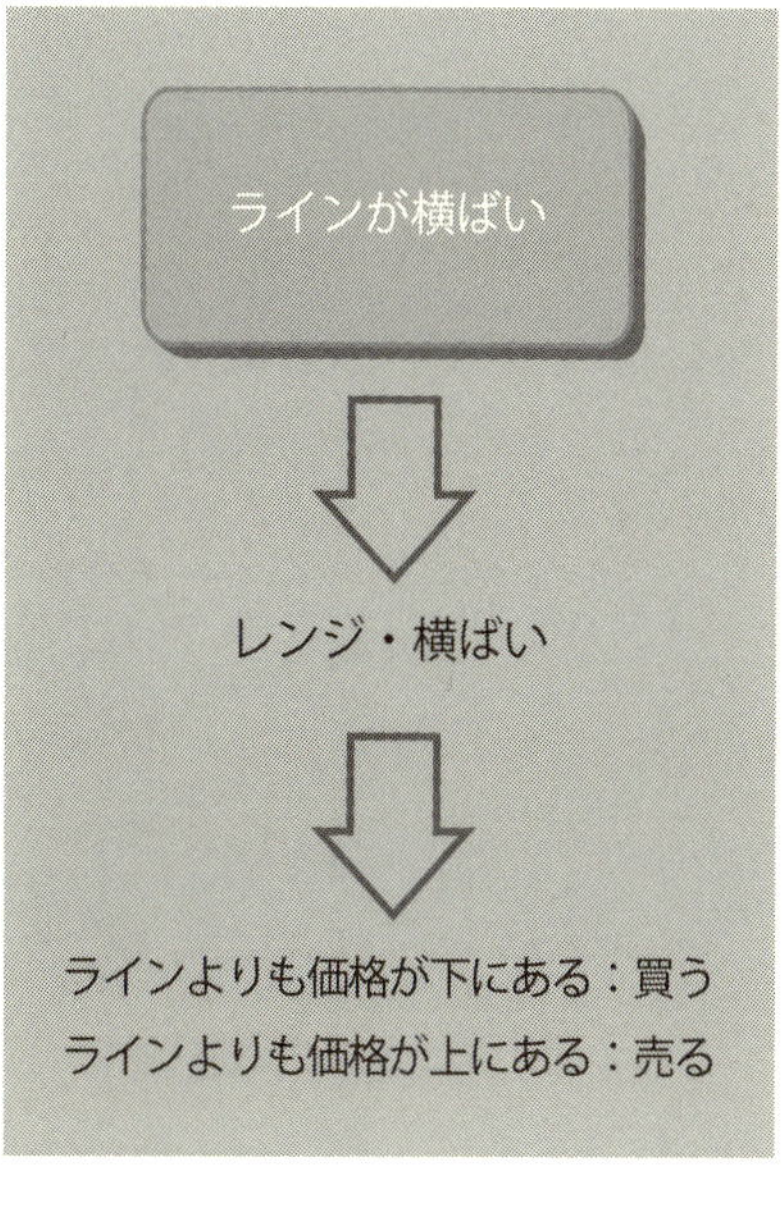

このように、想定勝率が50％よりも有利な位置で取引を開始すれば、理論上の勝率が上がっていきます。そのために、相場のトレンド（方向性）や流れを判断することが大事になります。

多くのトレーダーが様々な分析を駆使して、相場を研究している目的は、まさに、このことなのです

第４章の重要ポイント

「10 円玉 1 枚で勝ち続けるＦＸトレード方法」から応用させて勝率を上げるために使うものは？

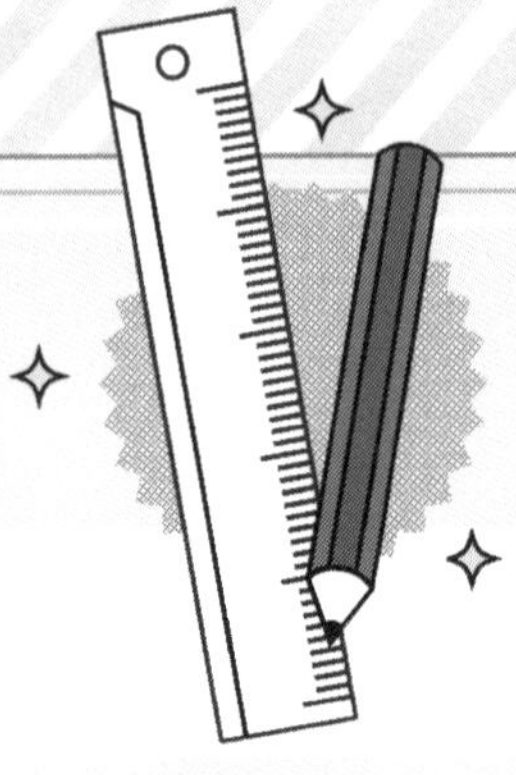

答えはＰ173へ

第5章

2,000億円アナリストの勝ち続ける技術

【ＦＸで勝ち続けるための技術とは何なのか？】

これまでＦＸをギャンブルなのではないか？ と思っていた人には驚かれる話ですが、ＦＸ市場で勝ち続ける方法は非常に単純なルールを守るだけです。何も難しい取引や手法を学ぶ必要もありませんし、実践する必要もありません。

安く買って、高く売る

という商売と同じように考えた中でも、店舗もいらないし、お客様を集客する必要もないし、商品を製造する必要もないし、在庫を仕入れて抱えるリスクもありません。セールスの技術を学ぶ必要もありませんし、多くの人に頭を下げる必要もありません。

今では、スマホ1台で取引もできますから、インターネットさえつながれば、世界中のどこにいても取引が可能な時代となりました。そんな中で、ＦＸで勝ち続けて利益を出して、生活をしていけるまでになるためにはどうしたら良いのでしょうか？

もちろん、サラリーマンの方のサイドビジネスという考え方でも構いません。それは、きちんと目標を設定して、資産計画を立てることなのです。目標も計画もなしに、ただ、やみくもにＦＸ投資を行っても、勝ち続けるということは至難の業だと思います。

結局、多くの負け組の一員になってしまいます。そうならないためにも、一緒に目標利益を達成するプロセスを作っていきましょう。

利益目標の設定

取引計画

取引実践

【検証5　手法を実践して目標利益を達成するプロセスを知る】

【利益目標の設定】

利益目標を設定することは、勝ち続けるトレードにおける第一段階の最重要項目になります。この利益目標の設定によって、採用する手法やリスク許容度、取引回数のすべてが大きく変わってくるからです。目標も持たずにやみくもにトレードすることは、勝率を上げるとか、リスクリワードについて考える骨組みすらないと言えます。

もしも、あなたが家を建築したいと考えた時、必ず設計図を書きますよね？設計図を書かずにやみくもに家を建設することはできるでしょうか？防災法や地震に備えた耐震で家を建てられますか？それは、とても難しい話だと思います。

何のために設計図があるのか？何のために目標を設定する必要があるのか？それは、自分の目標リターンを得るために、どの程度、リスクを取れば良いのか？をイメージするためです。

【勝利の方程式】

それでは、具体的に目標の立て方について学んでいきたいと思います。

まず、目標を立てるうえで、一番大事なことは、基本的なことですけれども、取引の「①資金量」と「②月の目標利回り」を決定するところになります。

では、今回の例では「①資金量」を１００万円、「②月の目標利回り」を５％として、設定していきたいと思います。

１００万円の５％の利回りですから月５万円を利益としてあげていくというような目標を立てて考えていきましょう。

この時に1番大事なのは、１００万円の資金に対して月の目標利回りを５％とした場合、年間で考えると５％×12で年率60％くらいの利益を稼げるんだろうなぁという漠然としたイメージのままで目標設定を終了してはいけないというところです。更に、もっと、細かく計算しておきます。それが次の表です。

表1：目標計算シート

①資金量

入力→	1,000,000	円

②月目標利回り

入力→	5	%

表２「目標利益シート」を見てください。「③年当たりの目標利益」において、今回の場合は、月５万円・12ケ月で年６０万円が年間の利益目標としましょう。「④月当たりの目標利益」は月５万円ですね。

ここからがポイントです。１週間あたりいくらを稼がなければいけないか？が「⑤週当たり目標利益」で算出できます。次に、１日あたりいくらを稼がなければいけないか？が「⑥日当たり目標利益」で分かります。

こうすることによって、１日あたり、週あたり、どれだけリターンやリスクを取れば良いかがはっきりと分かります。

今回の場合「⑤週当たり目標利益」は月５万円を４週間で

表2：目標利益シート：

③年当り目標利益	⑤週当り目標利益
600,000 円	12,500 円
④月当り目標利益	⑥日当り目標利益
50,000 円	2,500 円

※週＝4周/月　日＝5日/週・20日/月にて換算

割って5万円／4は1万2、500円となります。

それを、更に、土日を除いた営業日（5日間）で割ると「⑥日当たり目標利益」が算出できます。それは、1万2、500円／5日間＝1日2、500円となります。

このように日々トレードをする時の最小単位の数字まで目標設定として割り出しておくことが大事になります。


ここで気がついて欲しいことは、こうして見た時に年率60％や月5％だとかなりあいまいな数字と感じることと思いますが、1日当たりでみると100万円の資金に対して「⑥日当たり目標利益」は1日2、500円を得られれば、あいまいな数字だった目標も十分に達成できると予測できるようになるんだと分かってください。


例えば100万円の資金で、1日に必要以上のリスクを取らないためにも……それこそ、1万円もリスクをとって負けなくても良いことを先に理解しておきましょう。

1日であれば2、500円のプラスのリターンか、2、500円のマイナスのリスクだけで良いという数字がしっかりと頭に入っているだけでも、あなたのトレードスタイルまで変わることでしょう。リスクを取りすぎずに十分に目標を達成出来れば無理のない計画的なトレードができますね？　それでは、次に、表３「目標利回り」を見てください。これまで見てきた数字から利益額を算出していきたいと思います。

これまでお伝えしてきている通り「⑦年当たりの目標利回り」というのは、年率60％です。「⑧月当たりの目標利回り」は5％でしたね。

それでは、1週間あたりの目標利回りはどうでしょうか？

これも、先ほどと同じように1ヶ月を4週間として考えて5％／4で「⑨週当たりの目標利回り」は、1・25％とな

表3：目標利回り：

⑦年当り目標利回り	⑨週当り目標利回り
60 %	1.25 %
⑧月当り目標利回り	⑩日当り目標利回り
5 %	0.25 %

※週＝4周/月　日＝5日/週・20日/月にて換算

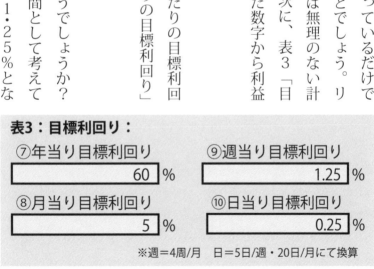

ります。それを更に5日間で割ると「⑩日当たりの目標利回り」は0・25％（2、500円）ということが分かりますね？

ここでは、利回りで見ても先程と同じことがいえるのですが、100万円の資金に対して1日に1％以上のリスク（1万円以上のリスク）を取る必要はないのです。この場合、1日、1万円の勝ち負けが生じるというのは、その日はもうリスクを取りすぎているということになるのです。こういった数字まで細かくみていくと、実は、適切なリターンを得るためのリスクが分かってくるというわけです。

さて、この場合の1日に取り得るリスクはいくらだったでしょうか？

100万円の資金に対して「⑩日当たりの目標利回り」0・25％ということは、2、500円のリスクだけを取れば良いと覚えましたね？

次に、表４「取引ターゲット（１倍）」を見てください。口座はどんどん動いていきますので、１００円で買って、１０１円で売った場合、取引の値幅が１円あります。あなたの目標を達成するためには、どれだけの値幅（ポイント）を取っていかなければならないのか？ということを落とし込んでおきましょう。

こちらの表４「取引ターゲット（１倍）」では１％は１００ｐｉｐｓで換算しておりますので「⑪年当たりのポイント」は、６、０００ｐｉｐｓとなります。「⑫月当たりのポイント」は５００ｐｉｐｓですね。この「⑬日当たりのポイント」が25ｐｉｐｓというのはどういうことか？というと1日の値幅が25銭のことになります。

表4：取引ターゲット（1倍）

⑪年当たりのポイント
6,000 pips

⑫月当たりのポイント
500 pips

⑬日当たりのポイント
25 pips

||

1日の値幅が25銭

ドル円というのは、1日にだいたい1円（100pips）くらいは平均で動きますから、1日の値動きの1/4の予測さえできていれば、十分にこの利回りは達成できるということになります。まずは、この目標の設定の考え方というのをしっかり第一に覚えていただきたいと思います。

続けて、レバレッジというものにフォーカスを当てていきましょう。表5を見てください。こちらはレバレッジ2倍になっています。

これをすることで、取引ターゲットが1倍の時から見ると、ポイントの数字が半分になっていると思うんですね。

レバレッジを使うと2倍にした分、取り得るリターンも

表5：レバレッジ使用時ターゲット

⑪ 年当たりのポイント 3,000 pips	⑬ 日当たりのポイント 12.50 pips
⑫ 月当たりのポイント 250 pips	＝ 1日あたり12.5pips(12.5銭)

リスクも半分になり、それでも目標利益を達成できるということになります。この場合、1日あたり12・5p.ips（12・5銭）のように値動きが少なくてもしっかりとしたリターンを取れるということが分かりますね。

今回の場合は、取引ターゲットが1倍でも達成できましたが、レバレッジを使うことでより効果が上がるということになります。

それでは、今からは、あなたの目標利益計算シートを作成していきましょう。

計算が分からないとか、面倒くさいという方のために、自動で表計算をしてくれるシートをご用意させていただきました。是非、左記のQRコードよりダウンロードして数字を入れて、あなたの目標設定をしてみてください。

「勝利の方程式」計算シート　ダウンロードはこちら

では、次に　表7「期待収益計算シート」を見てください。

こちらは、既に学んできた「リスクリワード」を計算できるものになります。

今回の例では、まず「平均利益」と「平均損失」に1、000円と記入して「勝率」を50％ということにしてみましょう。

これは、買った時に1、000円、負けた時に1、000円、という意味になり、勝率は50％ですので「期待値」は0円です。リスクリワードは「1」となります。

この数値を実際に変えていくというのが今回の目的です。

表7：期待収益計算シート

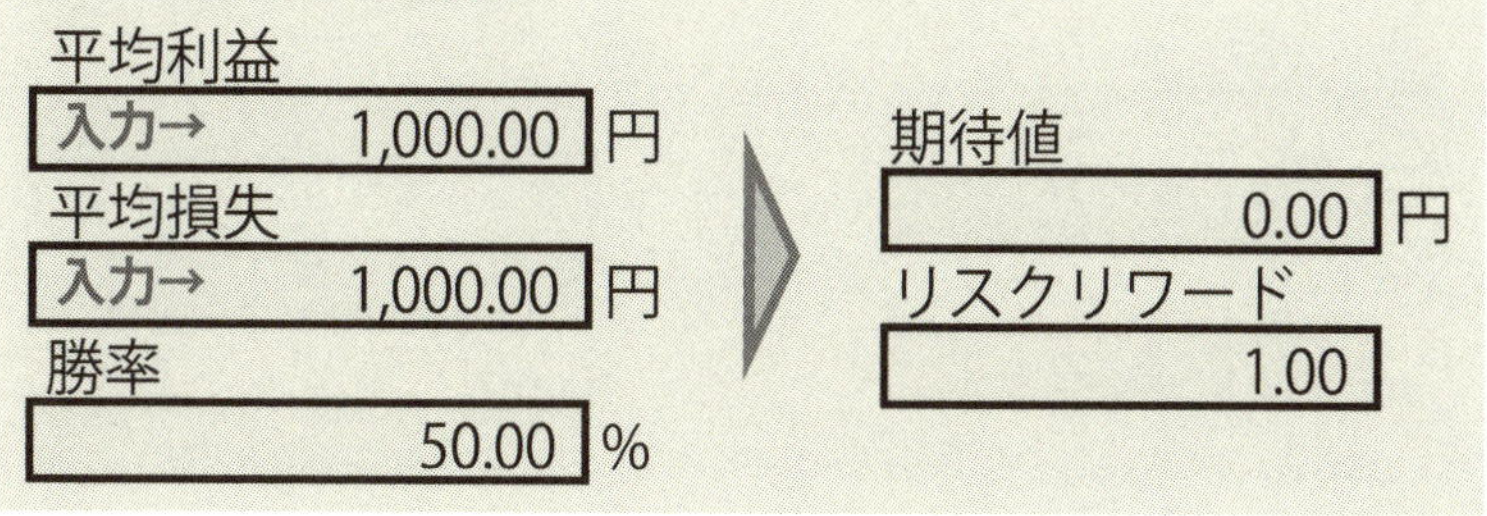

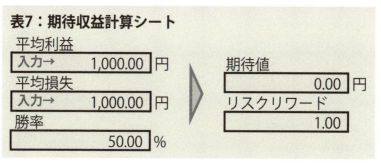

それでは、早速ですが「平均利益」を2、000円と変更してみましょう。それが表8「期待収益計算シート」になります。

「平均損失」は1、000円のまま変えずに、「平均利益」だけを2、000円と入力してみます。

こうなると「勝率」は50%のまま変わりませんけれど、平均で失う数字に対して、平均で得られる数字というものが倍に大きくなりますので、1回の取引あたりの期待値が500円に上がります。

そして、リスクリワードを見てみると1対2ということになりますから「2」という数字に自動的に変更されたかと思います。こういった形でどれだけの平均を得ているのか？

表8：期待収益計算シート

項目	値	単位
平均利益	入力→ 2,000.00	円
平均損失	入力→ 1,000.00	円
勝率	50.00	%
期待値	500.00	円
リスクリワード	2.00	

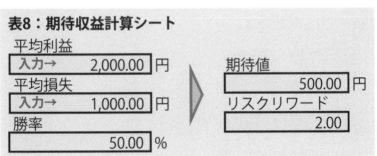

どれだけの平均損失を失っているのか？　期待値が分かりましたね？

この考え方は、計画の時に使うだけでなく、自分がトレードをした実践結果（取引結果）にも役立てることができます。通常であれば、自分のトレード結果に対して「平均利益」や「平均損失」がだいたい記録として出るからです。それを入力してみましょう。すると、今、自分が採用している「手法」が期待値的に想定収益をどれくらい得られるものなのか？　採用すべき「手法」なのか？　それとも、どれくらい失ってしまうものなのか？　というものも判断しやすくなるのです。この表8「期待収益計算シート」については、是非覚えていただければと思います。

次に、表9「取引期待収益計算シート」を見てください。こちらは、取引期待収益の数値をポイント（ｐｉｐｓ）に表したものになります。

そして、利益確定（リミット）や損失確定（ロスカット）の数値を変えていくと、

表10「目標利益想定シート」と連動し、月換算想定期待値や、月換算利回りなどが自動的に変動するようになっています。

　今回の例では、利益確定（リミット）が2，000円の場合、20pips、損失確定（ロスカット）が1，000円の場合、10pipsという数値を入れていくことになります。利益－損益差は利益確定（リミット）20pips－損失確定（ロスカット）10pipsということですので、ここは、10pipsとなります。

　1取引の取引期待値は5pipsですから、表10「目標利益想定シート」の数値が連動して変わっていきます。

　ここで、取引回収（週に何回取引をするのか？）取引通

表9：取引期待収益計算シート

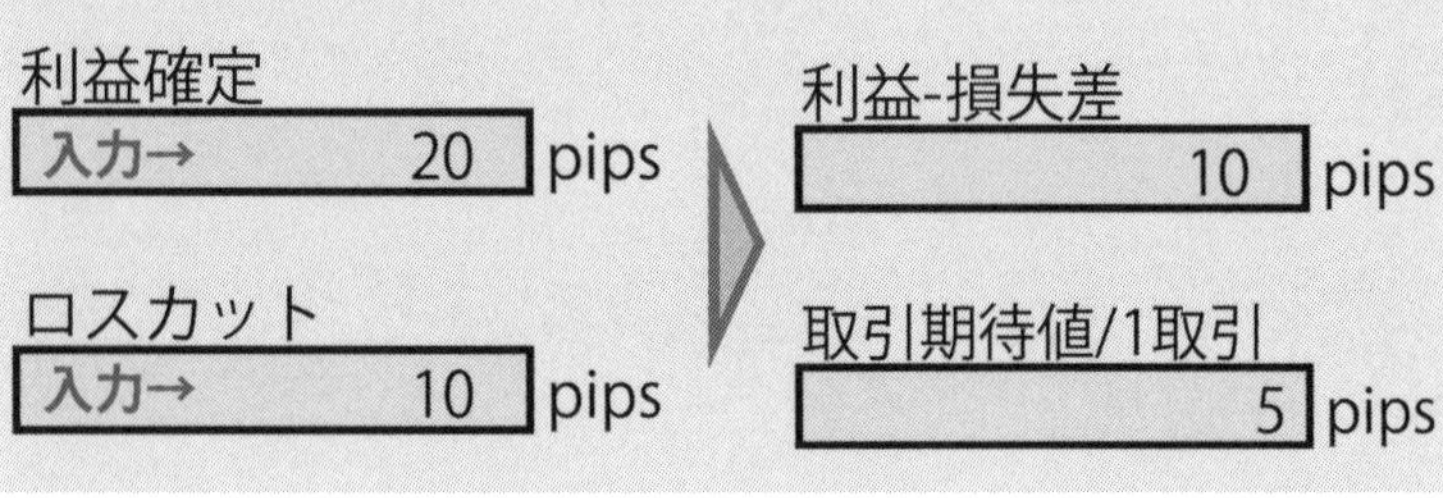

貨ペア数（何通貨を使って取引をするのか?）レバレッジは何倍に設定するのか?などの数値の違いによって、表の結果が変わります。

今回は、期待値が５００円でしたが、これは1回あたりの取引の期待値でしたから、週になっても、毎日、毎日、重ねていったらどれくらいの期待値になるのか?

更に、取引通貨ペアも、１つの通貨ペアで取引をするならば１ペアとなりますが、それを、例えば、ドル円と、ユーロ円みたいな形で2つの通貨ペアで取引をする場合は、期待収益に影響をもたらします。

その結果、月にどれくらいの期待収益を創出できるのか?ということが分かり、それらが自動で計算されるシートです。

今回の場合の例では「平均利益確定（リミット）」が2、０００円の20ｐｉｐｓで

「平均損失確定（ロスカット）」が1、000円の10pipsということで、このルールでやった場合の取引回数は週に10回として、1週間5日とすると1日2回取引をするというルールになります。そして、取引通貨ペアが2ペアであれば、月換算利回りは2％、期待収益は2万円ということになります。あれ？あなたはお気付きですか？はい。これでは、あなたが最初に作った目標の月5％の利回りには、3％分足りないということです。

それでは、レバレッジをいくつまで上げないといけないのか？とか、通貨ペアをいくつまで増やさないといけないのか？など、そう言ったことで対応して月の換算利回りが5％になるにはどうした良いのか？数値を変更してみましょう。現実的なあなたの投資スタイルというバランスも考えながら制作していきましょう。

最初の目標利益を設定する時に、資金量と目標利回りを設定しただけでこれだけのことがイメージできるということになります。なので、この考え方、この目標の立て方、この計画の道筋の立て方というのが大事になりますことを覚えておいてください。

それでは、少しシートの数値を変更してみましょう。もしも、あなたの想定するレバレッジが2倍で、取引通貨ペア数がドル円だけの1ペアの場合、週に10回取引が必要になることが分かります。それでは、シートに「2」「1」「10」という数字を入力してみましょう。

その時の月換算想定期待値は100pipsとなり、月換算利回りは1%、円換算期待収益は1万円ですから、1日2回、1通貨ペアの取引では、目標を達成できないということが分かります。

表10：目標利益想定シート

入力項目	値	単位		結果項目	値	単位
使用レバレッジ	2	倍	▷	月換算想定期待値	100	pips
取引通貨ペア数	1	ペア		月換算利回り	1	%
取引回数（週）	10	回		円換算期待収益	10,000	円

今度は、試しに、レバレッジを5倍にしてみましょう。

残念ながら、それでも、月の利回りは2・5%で、円換算期待収益は25、000円となります。まだ、足りませんね？レバレッジを10倍まで高めるとやっと当初の目標は達成できることが分かりました。しかし、レバレッジを高くしてしまうと、負けるスピードも早まりますので、資金が、勝よりも先に底をつく危険性がありますので、レバレッジは1倍のままで、目標設定を達成できるようにするにはどうしたら良いのでしょうか？

1日に10回程度の取引数があれば、週に50回となります。「10」を「50」に変更してみましょう。

表10：目標利益想定シート

使用レバレッジ	5 倍	月換算想定期待値	250 pips
取引通貨ペア数	1 ペア	月換算利回り	2.5 %
取引回数（週）	10 回	円換算期待収益	25,000 円

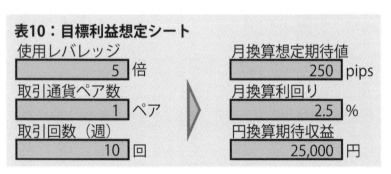

これでも、なかなか、達成できません。月の利回りは2・5％で、円換算期待収益は25、000円となりましたね？

多くの人が目標設定した時に、月100万円の資金で5％の利回りを出すことは可能で楽勝だと思ってきたかもしれませんが、実際にトレード実践となると、楽ではなさそうだと思ってきたかもしれません。

さぁ、どうしたら良いのでしょうか？今度は、取引通貨ペア数を2ペアに増やすか？レバレッジを2倍にしてみてください。どちらかの数字を変更するだけで良いです。おめでとうございます。やっと、月の利回りが5％になり、円換算期待収益が5万円となりましたね？これで、当初の目標利益を達成できる計算シートが完成しました。

一通りのやり方や流れは分かりましたね？次は、あなたの生活スタイルや資金力などに照らし合わせて、無理のない数値を入れて、ご自身の細かい数値を確認しましょう。これが「勝利の方程式計算シート」です。

【あなたの勝利の方程式を作成しよう】

トレードをする前に想定しなければならない項目は全部で7つあります。この数値のバランスでリターンやリスクも変わってきます。

まず、最初に設定する項目は「①取引資金」「②目標リターン」でしたね？ この数値によって取引のリスクの大きさや達成難易度が大きく変わってきます。これらの数字を確認するだけでも、目標達成が実現できそうなのか？ それともリスクが大きすぎるのか？ がざっくり判断できます。計画倒れになったり、大負けしないように堅実に設定することが、最終的な勝ち続けるトレーダーへの1歩です。

それを知るためにも、次は、1週間や1日の取引値まで細かくしっかりと計算しましたね？ ここでは、1日に必要なリターンとリスクがいくらになるのかを把握しておきましょう。そして、それらを達成する上でトレードで許容できる「③想定レバレッジ倍率」を考えます。

レバレッジを活用すれば少ない機会で大きなリターンを得られるため、トレードの効率がぐんと高まります。しかし、裏を返せば、レバレッジ倍率が上がる分、リスクも上がるため、レバレッジは5倍以下で達成できる計画が望ましいと思われます。このように、計画の実現性を吟味しましょう。

次は、取引を実行した時の「④利益確定値（リミット）」と「⑤損失確定値（ストップロス）」を設定します。これらの数値は、リスクリワード（期待値）や結果に大きな影響を与えるものです。

利益確定（リミット）と損失確定（ストップロス）の幅が大きくなればなるほど、

リスクリワード値は上昇し、投資期待値は高まりますが、反対に勝率が下がる傾向があるため、それらのバランスを適切に考えて設定するとよいでしょう。また、マーケットの変動に目標利益確定値（リミット）と目標損失確定値（ストップロス）を適応させる方法としては、取引対象通貨ペアの平均変動率などを考慮して設定すると良いでしょう。（例：USDJPYが1日で約1円動くとすれば、1日で取引を終了させるデイトレードの場合、1円以下の数値にリミット・ストップを設定する等）これらの数値をトレード開始前に計画・想定しておくことで、結果が目標利益から どの程度かい離しているのかを検証することも可能になります。

そして最後に「⑥想定勝率」「⑦想定取引回数」「⑧取引通貨ペア数」の項目を設定し、勝率・リスクリワード・期待リターンとリスク（レバレッジ倍率など）とのバランスを見ることで、取引前に、自分が実行しようとしているプランの勝ちやすさや負けやすさがイメージでき、計画を実行する上でも、あらかじめロードマップを想定することができるようになります。

これによって、自分が必要とするリスク以外を取らずに、リターンを狙える取引が実現できるようになりました。そして、トレードの勝ち負けを左右する要因も理解できます。完成しましたか？　おめでとうございます。

勝利の方程式

目標計算シート：		目標利益シート：		目標利回り：	
資金量	500,000 円	年当り目標利益	300,000 円	年当り目標利回り	60 %
月目標利回り	5 %	月当り目標利益	25,000 円	月当り目標利回り	5 %
使用レバレッジ	2 倍	週当り目標利益	6,250 円	週当り目標利回り	1.25 %
		日当り目標利益	1,250 円	日当り目標利回り	0.25 %

※ 週＝4週/月
日＝5日/週・20日/月にて換算

取引ターゲット（1倍）：	レバレッジ使用時ターゲット：
6,000 pips	3,000 pips
500 pips	250 pips
125 pips	62.50 pips
25 pips	12.50 pips

※ 1%＝100pips換算

期待収益計算シート		取引期待収益計算シート		目標利益想定シート	
平均利益	3,500.00 円	利益確定	35 pips	取引回数（週）	10 回
平均損失	2,500.00 円	ロスカット	25 pips	取引通貨ペア数	2 ペア
勝率	60.00 %	利益-損失差	10 pips	使用レバレッジ	2 倍
期待値	1100.00 円	取引期待値/1取引	11 pips	月換算想定期待値	440 pips
リスクリワード	1.40			月換算利回り	4.4 %
				円換算期待収益	22,000 円

○　方程式のポイントチェック

①　目標利益から必要な取引収益・ターゲットを理解する
②　目標利益を達成するために必要な勝率・利益確定/ロスカットの目標値を理解する
③　目標利益を達成するために必要なレバレッジと取引通貨ペア数を考慮する
④　手法は、上記目標を達成できるかどうかで選択する

FXトレードを開始する前に、まずこれらをきちんと計画してから行うこと！

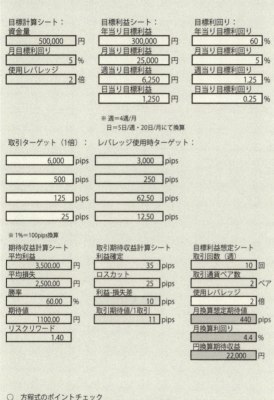

【どうして勝ち続けることができるのか？】

遅ればせながら……ここで、少し、私の自己紹介も含めながら、どうして、ＦＸ市場では9割もの人が負けているなかで、私は勝ち続けることができるのか？

そうなった経緯をお話しさせて頂きます。

私は、２００７年から２００９年まで日本株の投資信託の運用会社として、日本株運用で日本で一番大きい「さわかみ投信株式会社」というところで、2、０００億円以上規模のファンドの運用に携わっていました。ここで、徹底的に投資のイロハを学んだのです。

その後、私は独立をして、ヘッジファンドバンキング株式会社という投資助言代理業の会社を立ち上げて、投資アドバイス等の活動をしております。今では、その投資アドバイスの流れで、もっと詳しく教えて欲しいという投資家の方の声に答えたり、プロトレーダーも育成するスクールも開校しております。

実は、私自身も負けやすい癖はありました。これは、誰にでもあるのです。これを、避けて通ると、一生あなたは勝ち続けるトレーダーにはなれません。自分を見つめることは苦しい作業ではありますが、頑張って、直していく習慣をつけてください。そして、この負けやすい癖は、ステージによっていろいろと出てきます。段階を踏んで理解することが重要です。

私が初心者の頃は、投資を知らない時ですから、「無知」という状態で「知識がない」という弱点がありました。少し、「知識」を得ると、ステージは上がり、今度は、リスクを取りすぎるなど、次の癖が出てきます。人にはそれぞれ、弱点は違いますから、あらゆる人でも一つの弱点というわけではなくて、いくつも弱点を持っています。

ステージが上がるごとに徐々に新しく出てくる弱点を改善していく感じなんです。だけど……

私の場合、過去に大失敗という経験はありません。それは、このような勉強をきちんと積み上げて、徐々に修正しながら進めてきているからなのです。更には、もしも、私が大失敗をしていたら、とっくにトレーダーとしてクビになっております。大失敗をしない一番の理由は、ギャンブルをしないことです。

想定内の負けは何度も何度もあります。しかし、それは、リスクリワードであらかじめ計算された失敗であり、トータルでは、勝つように計画しました。だから、最終的なトレード結果としては、私には、失敗がなくて、勝ち続けることができているのです。あなたも計画通りの負けにはたじろがないようにしてください。

【1日に100億、200億を動かす世界のプレッシャー】

さわかみ投信株式会社では、1日に2、000億円の運用に携わっていたため、10％や20％の相場が動くと、当たり前のように100億円や200億円のお金が利益となったり損失となったりすることがありました。

それらのお金は一般の人の退職金だったり、年金だったりと、大切なお金ですから、それを減らしてしまうということは、お金を出してきている人の生活や人生に影響を与えてしまうことになるからです。だから、ギャンブルなんてもってのほかというわけです。

よく質問されることは「そんな大金を動かしてプレッシャーはありませんでしたか？」とか、「どんな心境でしたか？」です。「プレッシャーはありました。恐いという心境もありました。」

しかし、先ほども言いましたが、これらの大金は投資家一人一人の老後や、人生、夢がかかっていたりというお金なのです。だから、感情云々ではなく「負ける方法」「負けない方法」「勝つ方法」と全部を勉強して、自信を持って運用することが必要になります。

あなたも少し考えてみてください。

あなたが一番大切な人の全財産を託されたとしたら、ギャンブルみたいなことはできますか？

私たちが本当に勝てる理由は、こういった誠実で丁寧さであり、自分本位ではないところにあるのではないでしょうか？　だから、しっかりと管理してやらなければいけないし、自分の好き勝手ではないというところが違います。

相場は常に生き物

不確実な相場に付き合わずに、あくまでも自分の計画目標に沿って相場を利用することが勝負を分けます。

このなかで戦うにはどうしたら良いのか？

さて、世の中には、負けて当たり前のＦＸの世界の中でも、私のように勝って当たり前の厳しい世界でトレーダーをしてきているプロトレーダー達がいます。

あなたもプロと同じように、ＦＸだけで食べていけるようになったり、勝ち続けられて当然だと安心したトレードをできるようになりたいと思いませんか？

そのためにはどれだけ勉強をしたら良いのでしょうか？

まずはこのカラクリを覚えて、少しでも良い情報を手にするために行動されることをオススメします。私たちも、プロの機関投資家たちが使う毎月、数十万円する情報を買い、相場を予測しています。数十万、数百万という金額を投資して、『情報』を買っています。

どれだけ情報を集めたら良いのでしょうか?
どれだけ手法の種類を覚えたら良いのでしょうか?

いいえ。それは、違います。

一番大切なのは、それらの、勉強や情報や手法に惑わされないことです。

マーケットの変動に一喜一憂したり、ニュースや証券会社のレポートに影響を受けたりしないことです。

なぜなら、それらの情報というのは、受け取った人によって、感じ方も理解の仕方も違いますし、ましてや、相場の変動は、私たちの誰もが予測できるようなものではないからです。

そのような不確実なものにとらわれないで、あくまでも、自分自身で管理できるもの……それは……もう、お分かりですね？

資金量だったり、取引ロットだったり、利益確定（リミット）、損失確定（ストップロス）のターゲットポイントなど、勝利の方程式で習った7つの項目のことです。

最終的に、本当に大切なことは、情報に惑わされることなく、あなたが管理できるものだけに意識を向けておけば良いのです。それなら、誰でもできますよね？

ただ、この当たり前のことを忘れて「手法」や「情報」にとらわれすぎるとダメになっていくので注意しましょう。

プロトレーダーは、たくさんのトレード手法や分析の方法も身に着けていますが、彼らも、最初は、今回、あなたが学んだことを同じように実践しているのです。このような基本的なことを着実に守るれるかどうかで、勝ち続けるトレーダーと負けるトレーダーに分かれていきます。

あなたはどちらになるでしょうか？

既に、負けているなら、残念ながらあなたは、何かしらの負ける要因があることでしょう。しかし、勝ち続けるトレーダーになりたければ、変えなければいけないことがあると思います。それが今までやってきた基本的な投資の考え方、技術、知識、そして、マインド面なのです。

次はマインド面についてみていきましょう。

既に技術があるプロトレーダーが、より勝てるトレーダーに成長するには、マインドを強化することが大切です。そんなプロトレーダーが一番、気をつけているマインドって何だと思いますか？

A　コンピューターのように冷静になること（感情的にならない）
B　勝てることへの裏付けを知ること（勝つという自信）
C　リスクを恐れないこと（勝つためのリスクはきちんと取れること）

これら、全てが正解で、どの要素も欠けていてはいけないんです。

勝ち続けるトレーダーになるには、しっかりあなたのマインドも鍛えて勝負していきましょう。それでは、あなたのマインドチェックを第6章で行っていきたいと思います。

第５章の重要ポイント

プロトレーダーとしての知識も備わり、
やり方も覚えた後、勝つトレーダー
負けるトレーダーに分かれるのは、
何の違いですか？

答えはＰ173へ

第6章

FX投資で勝ち続ける人、負ける人

【勝ち続ける投資家の負けない心理勝負】

ちゃんとした投資理論を学んだら、次に大切なことは、負けにくい投資心理について、しっかりと学び、自分のマインドをコントロールをするということです。

負けたら、焦ってしまって必死になって取り返そうとして、更に負けたという話は良くある話ですね？　あれ？　おかしいな？　上がるはずなのに、下がったぞ？　でも、上がるはずだから、下がっているうちにまた、買っておこう……というパターンにはまって全負けしたという話も良くある話です。

初心者は、負のスパイラルにはまりやすいですから、自分の心理状態で負けを引き寄せる可能性が高くなります。誰も負けるつもりでトレードをするわけがありません。勝つと思って行動していることが裏目に出るパターンです。

それはどうしてか?

それは、心に余裕がないからです。負けたくない心理です。負けを恐れ、負けのリスクを取れないからです。期待値がプラスになるような投資計画をきちんと作成していれば、1回や2回、負けても、トータルで勝てば良いし、トータルで勝てるということも分かって投資ができます。

しかし、初心者であれば、1回の負けが物凄い感情を揺さぶるほど、大きく影響し、何度も負けていくと、普段の生活に支障が出るほど、人生に影響します。どうしてFXなんてやってしまったんだ?

やらなければ良かった……
やっぱり、勝てる人なんていないのではないか？
など、様々なマイナス情報が頭を巡って、心を傷つけていくのです。

負け組が負のスパイラルを引き寄せやすいのも必然です。そんな弱ったマインドでは投資の世界では勝てません。負けの感情コントロールができて、初めて普通の人と同じ心理状態になるので、負けを負けとして感情移入している限り、それは、無駄な時間です。

冷たいようですが、コンピューターのように感情移入することなく、勝っても負けても、淡々と勝負し続けることで、勝ちを引き寄せられるようになりましょう。

【自分を知って楽勝しよう】

マインドコントロールが上手になるためには、まず、自分のトレードパターン、感情パターンを知ることです。負けたら、取り戻そうとして、どんどんつぎ込むタイプなのか？　まったく動けなくなってしまって、しばらく、投資をお休みしてしまうタイプなのか？

あなたは負けた時に、どちらの行動に走るタイプだと思いますか？

また、負ける時は、どう負ける場合が多いのか？　何が原因なのか？　きちんと把握しようとして、次にはなかなか進めないタイプですか？　それとも、分析をすることもなく、まぁいいや。と、どんどん次に進んでみるタイプですか？

それでは、こんな時、あなたならどうしますか？

■トレンド予測をして、その予測が外れた時

■友達に聞いた情報を真似してみたら負けた時

■逆張りの時に負けやすくなる時

■損切りができなくて、ロストカットにあった時

■勝っても、欲が出て、なかなか決済できずに、いつのまにか相場が反転して、負けを増やしたくないから、すぐに確定してしまって、負けばかりが増えていく時

■含み益が出ていると不安になりすぐ少しの利益ですぐ決済してしまう一方、含み損が出ている時は、負けを確定したくないために、ずるずると損失を拡大させてしまう時

それでは、あなたの行動パターンを分析してみましょう。

勝っている時の波に乗れない人や、負けている時、熱くなり、深追いをして、結果、負けを増やすなど、様々です。

結局、負けを増やす人というのは、投資を始める前から負けやすい行動・思考をしてしまっている場合があります。負けてもいいや、失ってもいいやっと思っている人、お金を貯められない人、お金をたくさん稼ぐことをいけないと思っている人は、FX投資をしても負けやすいかもしれません。

【あなたのメンタルを探ろう あなたは投資で勝てるのか？】

トレードで負けやすくなる……やってはいけないこととは何でしょうか？ なぜFXで勝つことができないのか？ あなたが、もしも、今までFXで利益を出すことができていないのであれば、それは、必然的に負けやすいことをしているからだと思ってください。では、FXで負けてしまう人は、何をしてしまっているのか？

実は、FXで勝つためには、してはいけないことがあります。勝てるFXトレーダーに必要不可欠なマインドは一体どういうものなのかを学んでいきましょう。

トレードで負けてしまう原因の半分くらいはマインドにあると思っています。トレードをしていくと、勝ったり負けたりする回数から、より、勝ちやすくなったり、負けやすくなったりしてきます。それは、もしも、あなたが勝ち続けた時をイメージして頂くと分かると思いますが、勝ちのほうが多く続くと、自分のトレードに自信がついてきて、思考もプラスになってくるからです。

すると、チャートの分析力も上がったりしますから、不思議です。

反対に、負けを繰り返していると、どうしてもマイナスな思考になってしまいますよね？　また、負けるのではないか？　と不安になるのです。すると、本来決めていたリスクリワードにおいて、例えば、勝ち１００、負け90だったものを、負けたくないという心理が働いて、損切りができなくなり、早く勝ちを確定したいために１００にならならいうちに、20や30でも利益確定してしまい安心を得ようとしてしまうのです。

これでは、勝った時が20とか30で、負ける時は、損切りができなかった結果、ロストカットまで引っ張られて、２００とか３００で損切られてしまい、大損をして、なかなか、勝てないトレーダーになってしまうのです。くれぐれもそのような負けトレーダーにならないように予めあなたの適性をチェックしておきましょう。

自分はどんなトレーダーなのか、ＦＸやトレードでどんな失敗をしやすいのか、次のページのトレーダー適性診断テストで、あなたのトレーダーとしての適性チェックをしてみましょう。自分のタイプが分かったら、自分を律し、勝ち続けるトレーダーとなるようにＦＸ投資に対して理解を深め、自分の癖をなおすようにしてみてください。

トレーダー適性テスト
（Jake Bernstein の The Investor's Quotient を参照にＦＸトレードように一部改良）

YES ／ NO	YES ／ NO で全問に答えてください ☑
□ □	質問 1 今まで 4 つ以上、FX などの自動売買システム（EA）や 情報商材手法を購入したことがある。
□ □	質問 2 トレードを行う前は必ず取引計画を練り、売買ルールを設定してから実行している。
□ □	質問 3 証券会社は、もっと投資家に対して情報の提供やアドバイスをすべきだと思う。
□ □	質問 4 マイナス決済のほとんどが、ストップロスに価格が到達した場合である。
□ □	質問 5 相場のトレンドは、3 ヶ月以上の中長期視点で分析し、方向性を中止している。
□ □	質問 6 複数の証券取引口座を開設し、いろいろな専門家の情報やレポートを活用している。
□ □	質問 7 トレードで損が出ると実生活で何もやる気がなくなる。
□ □	質問 8 トレードをする理由は、勝つことに挑戦する自分が好きだからだ。
□ □	質問 9 過去のトレンド成績は、トータル負け越しだ。
□ □	質問 10 マーケットはインサイダー情報が氾濫しており、金融機関やファンドが有利だと思う。
□ □	質問 11 取引キャッシュバックやボーナスキャンペーンに乗せられて、 必要以上のトレードをして負けたことがある。
□ □	質問 12 FX やトレードで勝つかどうかは正直運次第だと思う。
□ □	質問 13 経済指標が良ければ買い、悪ければ売るようにしている。
□ □	質問 14 取引の多くが「買い」トレード中心だ。

YES ／ NO　　　　YES ／ NO で全問に答えてください ☑

YES ／ NO	
□ □	**質問 15** 上昇トレンド中の買いや安値付近での売りは怖い。
□ □	**質問 16** トレードで最も大きな利益が出たのは、 相場が新高値／新安値を更新したケースである。
□ □	**質問 17** ストップロスを設定すると証券会社が狙ってくるので使用しない。
□ □	**質問 18** 損は損と割り切り、 マーケットに感情移入しないタイプだ。
□ □	**質問 19** トレードの事やポジションが気になり、 眠れないことがよくある。
□ □	**質問 20** 利益の平均と損失の平均は、 利益の方が大きい。
□ □	**質問 21** 毎日定期的に相場の動向をチェックしている。
□ □	**質問 22** 全ての取引にストップ／リミットを設定している。
□ □	**質問 23** トレードをする前は、 なるべく多くの意見や情報を聞いてから取引をする。
□ □	**質問 24** 優秀な手法さえ手に入れば、トレードで大きな利益を得られると思う。
□ □	**質問 25** ジェシーリバモアやギャン、 ジョージソロスやジュリアンロバートソン等、 相場師の本を読んだことがない。
□ □	**質問 26** FX で成功するための最善の方法は、 自分で取引判断することだ。
□ □	**質問 27** トレードを開始したら決して途中で決済したり、 変更したりしない。
□ □	**質問 28** FX トレードの利益で夢を叶えたい。

【あなたの投資家心理診断結果】

いかがでしたでしょうか？　それでは、採点です。合計何点になるか計算してみましょう。

また、採点だけでなく、それぞれの回答に対しても解説をしておきますので、診断結果を今後のあなたのトレードに生かしてください。

【質問1について】　YES…0点　NO…1点

必要以上に多くの情報やアドバイスを求めてしまうのは、メンタルの弱いトレーダーの証です。理想は自分で判断できることですが、売買判断に自信がない場合は、せいぜい1つから2つの評判の良いアドバイザリーサービスだけに絞ると良いです。

【質問2について】　YES…1点　NO…0点

投資計画や手法、ルールを前もって準備して取引を遂行することは、成功するトレーダーの第1歩です。

【質問3について】　YES…0点　NO…1点

アドバイスは証券会社の仕事ではありません。情報提供はあくまでもサービスの一環として行われているものであり、本来の業務は注文や速やかな執行と公平な取引環境の提供です。必要以上のことを求めすぎるトレーダーは、トレードで勝つことができません。

【質問4について】　YES…1点　NO…0点

これは成功するトレーダーの必須条件です。ストップロスによってマイナスを限定し、その範囲内で堅実に利益を狙うことが勝利の鍵となります。実際に到達する必要はありませんが、それでも設定しておくことが大事です。取引ルールに忠実な点も良いです。

【質問5について】　YES…1点　NO…0点

トレードにおいて、長期的視野で動向を見据えることが重要なポイントです。短期売買を行う際も大きなトレンド方向を常に意識して、なるべく同じ方向の取引を心がけると良いでしょう。また、取引計画も長期的に持続可能な目標設定をしていきましょう。

【質問6について】　YES…0点　NO…1点

良い情報を得るために多数の証券口座を開設し、多くの情報を集めようとするトレーダーは未熟な証拠です。矛盾した多くの情報によって取引判断は混乱し、結果的に取引成績も悪くなる傾向が強いからです。

【質問7について】　YES…0点　NO…1点

トレードが実生活にまで影響を与えてしまっている状態は正常ではなく、その原因は自分でもよくわかっていることが多いかと思います。すなわち、リスクを取りすぎていることがほとんどで、資金量、取引量、レバレッジ率を見直す必要があります。

【質問8について】　YES…0点　NO…1点

これはトレードをする目的としては危険です。スリルやギャンブル目的で機会を求め、トレードに没頭してしまう人は、最後には大きく負けて退場してしまう場合が多いからです。

【質問9について】　YES…0点　NO…1点

過去3年から5年の成績で負け越しているトレーダーには、ほぼ何らかのマインド面でマイナスのポイントがあるといえます。取引手法や売買システムではなく、自分自身の中に原因がないか、一度、じっくり振り返ってみると良いでしょう。

【質問10について】　YES…0点　NO…1点

トレードで負けてしまう人の多くは、このように考える傾向があります。一部はそのようなケースも存在するかもしれませんが、それが自分に入ってくるケースは無いに等しいのです。詐欺的なサービスに出会う前に改善したほうが得策でしょう。

【質問11について】　YES…0点　NO…1点

トレードの帰結はすべてトレーダーの判断にあるべきであり、証券会社や他者に影響されたり、その損失の責任を押し付けてはいけません。自分で全てを背負う覚悟でなければ、トレードは成功できないことが多いからです。

【質問12について】　YES…0点　NO…1点

負けてしまうトレーダーに多い傾向の1つです。トレードの勝ち負けを運と考えてしまう人は、自分自身の判断を成功の手段だとは信じておらず、それ故、相場チェックや結果分析、手法の研究などを怠ってしまうと言えましょう。

【質問13について】　YES…0点　NO…1点

単純に「良い数字／結果で買い」↓「悪い数字／結果で売る」トレーダーは未熟な証です。成功するトレーダーの多くは、良い数字／結果を予測して買い↓事実で売り、悪い数字／結果を予測して売り↓事実で買い戻します。（※相場格言）

【質問14について】　YES…0点　NO…1点

成功するタイプのトレーダーは、売り／買いのどちらも取引します。大きな利益がロングサイドで得られるのは事実ですが、短期の利益がショートサイドで得られることもまた事実です。客観的に相場を見て流れに乗れることが大事となります。

【質問15について】　YES…0点　NO…1点

成功するトレーダーは、価格が高いとか安いとかは特に気にしません。

トレードで成功するために必要なのは、自分が設定した手法とルールに従って淡々と取引することです。

【質問16について】　ＹＥＳ…１点　ＮＯ…０点

トレンド追随の取引は、思っている以上に難しく、精神的にも辛いケースが多いことでしょう。しかし、上昇トレンドで買い、下落トレンドで売れることこそが、相場で大きく利益を上げる真髄なのです。

【質問17について】　ＹＥＳ…０点　ＮＯ…１点

ストップロスを設定しないトレーダーのほとんどは、トレードで負けてしまう傾向が見られます。損失を限定することは、利益を上げることよりも、まず取り組まなければならない課題であり、勝つための第一歩なのです。

【質問18について】　ＹＥＳ…１点　ＮＯ…０点

成功するタイプのトレーダーは、損失を早く忘れられることが多いでしょう。いつまでも過去の取引に固執しているトレーダーは、まだ精神的に準備が整っているとは言えない状態です。

そのままズルズルと負け続けてしまうことがよくありますます気をつけましょう。

【質問19について】 YES…0点　NO…1点

どんなトレーダーにでも少しは眠れないことや不安な事はありますが、これらの状態が頻繁な場合は、トレードに感情移入しすぎているケースや、トレード技術が未熟か、リスクを取りすぎているケースが考えられます。

【質問20について】 YES…1点　NO…0点

平均利益と平均損失の割合は、トレードの規律を見る上で重要なポイントの1つです。成功するトレーダーは、戦略に従い損小利大の取引を実現することができます。平均損失が多い場合は、トレードのどこかに欠点があることが多いでしょう。

【質問21について】 YES…2点　NO…2点

これは、成功しているトレーダーの多くが実践している重要なポイントです。計画的に時間を作り、相場の分析に労力を費やす事は、相場で勝つための原則と言っていいほど大切なファクターです。時間の長短ではなく、継続性が大事だと心がけましょう。

【質問22について】　YES…1点　NO…0点

これは、利益が上がるトレードの前提条件です。取引計画に即してルール通りに売買を継続することこそが成功への近道となります。勝ち続けるトレーダーになるための重要なテクニックなのです。

【質問23について】　YES…0点　NO…1点

第三者の意見を求めるトレーダーは、非常に不安定な状態で取引を行おうとしています。精神状態の準備が整っていない場合は、トレード中にルールを変更してしまったり、決済タイミングまで待てなかったりと負けやすい体質になるのです。

【質問24について】　ＹＥＳ…０点　ＮＯ…１点

損失の要因が自分自身にあることを認識していないトレーダーに多く見られる傾向で負け続けてしまう理由の1つです。手法自体は、それで何かをするほど重要ではなく、それを自分でどう扱うか、つまり、目的に則して使うことが大事となります。

【質問25について】　ＹＥＳ…０点　ＮＯ…１点

成功したトレーダーから学ぶ姿勢は、自分も成功するための必須条件です。トレードにいきるテクニックを取得できることも多く、それらを追求し続けた結果、勝てるようになったトレーダーはとても多く存在します。

【質問26について】　ＹＥＳ…１点　ＮＯ…０点

トレードの最終決断は、自分1人で行うことがベストです。他人の意見を聞くことで精神的ストレスから逃れられるかもしれませんが、負けるトレーダーとしての宿命からは逃れられません。トレードの結果の全ての責任を自分が背負う覚悟が必要です。

【質問27について】 YES…1点　NO…0点

固い決心と忍耐力は、トレードで利益を上げるためには重要なファクターです。決めたルール通りにトレードを実施することができない場合は、トレーダーのマインドが、まだ未熟な証拠で、負けやすい傾向にあります。

【質問28について】 採点なし

トレードの目標や目的を明確にすることは、成功を引き寄せるための大事なポイントであり、手法やリスクを選択する上でも大事な要素となります。

あなたは勝つ人、負ける人？結果発表

トレーダー適性テスト　得点診断

自分のトレーダーとしての特徴や癖を理解し、負けやすいトレーダーの習慣を改善しよう。それが勝利への第一歩！

合計 9 点以下

自分のトレードの欠点に気づいていない場合、あなたはトレードで損失を抱えてしまう可能性が大いにあります。特にマインド面の鍛錬を行う必要があるでしょう。まずは、自分の弱点をすべて絞り出し、抜本的改善策を考えてから取引を再開すると良いでしょう。

合計 10 ～ 14 点

トレーダーとしての成熟度は 50％以下の状態です。このまま取引を継続しても、成功することは難しいでしょう。トレードルールに忠実に従い、マインドを安定させることに集中すると成績も改善してくるでしょう。

合計 15 ～ 20 点

成功するトレーダーの要素は理解していますが、自分自身でそれらを使いこなすためには、もう少しマインドの鍛錬が必要です。利益を出すための投資行動を習得できている部分もあるため、特に悪かったポイントを集中的に見直すとさらに成績が安定するでしょう。

合計 21 ～ 28 点

成功する可能性の高いトレーダーの要素を満たしています。マインド面は高ポイントなのに成績が思うようについてこない場合は、手法や取引ルールに問題がある可能性があります。あなたの試行錯誤は、トレードの利益に結び付くケースが増えるでしょう。

※この診断テストは、トレーダーとしての適正を厳密に測定するためのものではなく、あくまでもトレーダーとしての自分の特徴を把握する目的で使う。

【ちゃんとした投資理論を学ぼう】

初心者が、投資で勝ち組になるためには、人よりも「質の高い良い情報を得られる事」と、そして、もう1つ大切なことは「ちゃんとした投資理論」を学ぶ事なのです。確かに、情報は、買えば良い、調べれば良い、ということで問題解決もできますが、何よりも、投資理論を知らないことには、1にも2にも、思いこみの投資や、予想の投資や、「カン」の投資になってしまいます。勝つための裏付けはありません。迷った時の投資の判断すらつかないのです。

そんな曖昧なままでは、負けやすくなってしまうのです。

初心者が陥りやすい、全財産を投資して全額負けて退場するというような、ギャンブラーにならないためにも、この本で「ちゃんとした投資理論」を身につけて頂きたいと思います。

【資産運用の原則】リスクとリターンは表裏一体

リスク度　大

・高リターン
・短期投資
・単一資産投資

リスク度　小

・低リターン
・長期投資
・分散投資

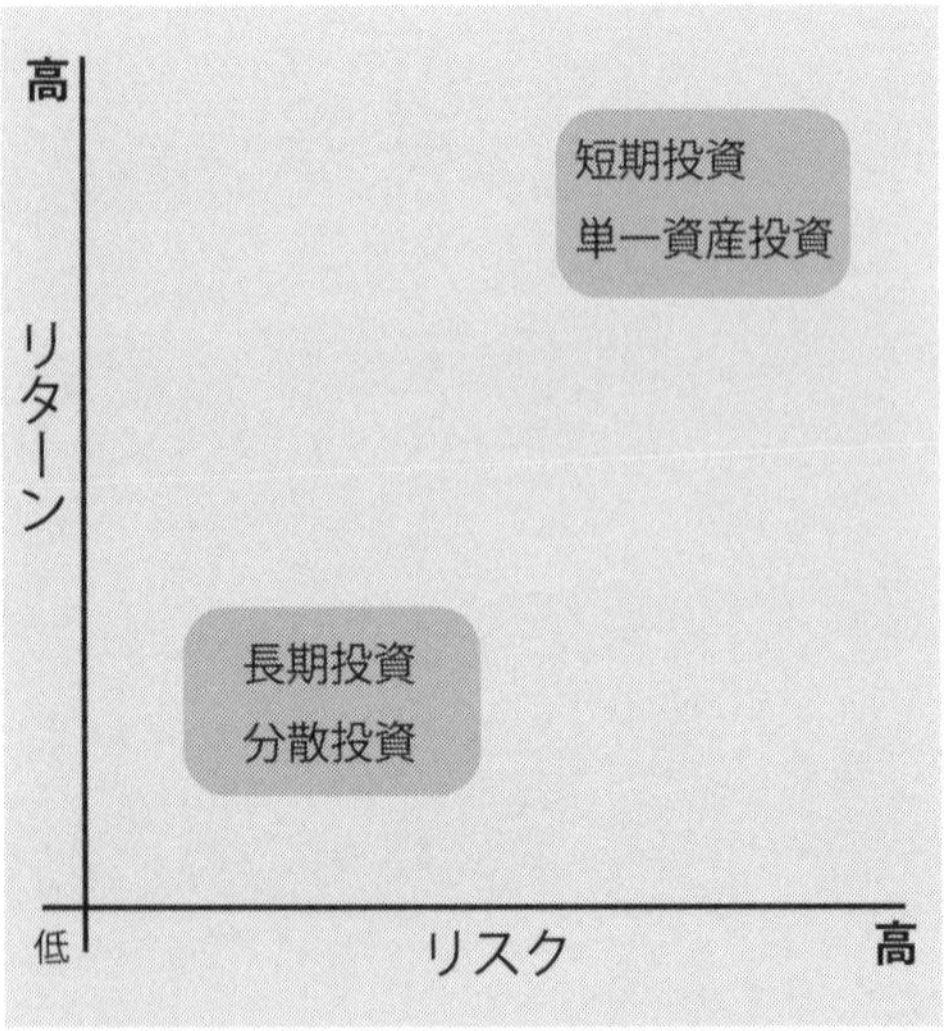

個々人にあった運用目標の必要性があります。

【個人目標の設定方法】あなたの資産計画を立ててみましょう。

●お金の流れについて把握しよう

ステップ1　将来の支出・収入の洗い出し

■必要利回りを明確にしよう

ステップ2　必要な運用利回りの確認

■【計画策定】

ステップ3　長期運用計画の策定

ステップ1　将来の支出・収入の洗い出しについて

自分の年齢、将来の収入見込み、支出見込みをエクセルシートに書き出してみましょう。

次の2パターンのシナリオを用意しましょう。

①　希望や夢をかなえるための積極的な数字を入れたシナリオ

②　思い通りにいかない事態も想定した数字を入れたシナリオ

ステップ2　必要な運用利回りの確認について

将来にいくら必要になるかがわかったら、必要となる運用利回りを確認しましょう。

※参考 複利効果

■複利効果を意識して利回りを計算

■一定時期に生まれた収益を再投資することで、より高い収益を期待できます。

ステップ3資産運用計画の策定について

これらを勘案して自身の運用計画を策定

■必要な運用利回り

あなたが望む運用利回りは決まりましたか？ 確かに、60％と言われたら、その手法は凄いと、飛びつきたくなる気持ちは分かります。早くお金が増えて欲しいと望む気持ちも分かります。しかし、勝ち続けているプロでも平均したら利回りは30％です。どうして、初心者がそれを超えられるでしょうか？ それは、一時的には大きく勝っても、結局、大きく負ける日もあるという危ない投資か？ 明らかな詐欺ですから、甘い言葉に騙されないようにしてください。

私がおすすめするのは、頑張っても20％くらいに抑えておくことです。

取ることのできるリスク量

投資でやってはいけないことが、投資のふりをしたギャンブルです。本来、投資というのは、あなたのお金を守るために、保全目的で減らないように行います。しかし、投資でお金を大きく儲けようとして、大損する人がたくさんいます。

自分の全財産をはたいて、一発逆転劇を目指して、どーんと投資をして、あっけなく負けるという悲しい結果は、勝ち続ける知識のない人達か、根っからのギャンブル好きな人でしょう。

投資では、お金がたくさんあれば、あるほど、負けにくくなります。全財産をつぎ込むのではなくて、計画的に資金を増やしていきましょう。

■資産運用に費やすことのできる時間

投資は、お金に働いてもらうとは言っても、自分の資金が少ないうちは、普通にアルバイトをした方が稼げるかもしれません。資金が増えるほどに、少しの時間で大きなお金を動かせるようになります。

最初が肝心です。コツコツと地道にできるかどうか？　嫌になってしまうか？

あなたが、朝も晩もトレードを行えるのか？　限られた時間のなかでしかできないのか？　それも踏まえてきちんと最初に計画を練りましょう。

無理のある計画を立てても、継続できません。無理のない計画を立てて、地道に実践すると誓いましょう。

最後に、あなたを勝つトレーダーに変身させるワークを行ってください。

このワークを行うと、あなたのＦＸへの行動価値観は、堅実に変わることになるでしょう。あなたの行動なしには結果も出ません。勝ち続けるという結果を出すトレーダーになってください。あなたの行動を促すのはあなたの思考や意識の違いです。

このワークをきっかけにあなたのマインドが少しでも強化したり、意識が高まったり、思考が整理されましたら幸いです。

それでは、ワークを実践する前に、少し、私が過去にトレーダーを育てていた時のお話をしましょう。私は、これまで、２桁以上のプロトレーダーと、４桁以上の初心者の方に、株式投資やＦＸ投資のコツを教えてきました。

プロトレーダーで、知識もあったし、技もあったわけですから、負けるというのは、もはや、プロとは言えないのです。

何が違うのか？ プロで負けるという結果を出せば、会社はクビになりますから、徹底的に分析をしました。「自分との向き合い」、「自己分析」が負けトレーダーを勝つトレーダーへ、変身させられる要素なんです。

秘訣としては……「自己認識」そして、「癖の改善」です。

基本的に、勝つための知識がないトレーダーなら、徹底的に知識を叩き込みます。一方で、勝ち方を知らないトレーダーなら、勝ち方を教えます。手法の使い方を知らないトレーダーなら、手法の使い方を徹底的に教えていきます。

とても、単純な作業に見えるかもしれませんが、自分との向き合いは、自己否定の上に自己受容後に、自己を変えるというステップになるので、なかなか難しいのです。人はなかなか自分の失敗を見つめたくありませんし、認められないからです。

そのまま、自分と向き合うことをしなかったらどうなるのか？

それは、勝ち続けることは出来ないということなのです。負けるＦＸトレーダーになってしまいます。悔しいですよね？　今、自己分析がとても大切なのです。

さて、あなたは、今、どのステージにいるのか？

20点なのか？　40点なのか？　70点のステージにいるのか？　などをチェックします。

「１００点ですか？」と聞かれるのですが、答えは、いつも「はい。１００点です。」

点数に偏りがあってもいけません。この人はこの分野だけなら理解しており、勝てるけれど、相場が変わった時や、情勢が変わった時には、負けるなど偏りが点数と同じように勝負結果に表れます。

得意分野では勝っていたのに、不得意分野では、負けてしまうということになった時でも、どこが弱くて負けたのか？

はっきりと究明できることが必要になるのです。

初心者は、何も知らないところから始まるので素直に学び、ぐんぐん吸収していきます。中級者は、人それぞれ、ステージがバラバラで、１から１００までを全部教え、はじめて、その人に対してステージの把握をして、足りない部分を教えるという手順を踏みます。

どのステージの人にも共通で当てはまる部分をピックアップしてワークをしていきます。

あなたが徹底的に学習することはたったの2つです。

1．勝つための知識

2．勝つための手法の使い方

また、100点になるための期間は、どのくらいですか？というご質問をよく頂くのですが……。吸収力には個人差もあるので、一概には言えませんが、おおむね、3か月間みていただければ習得できるといえます。

それでは、一緒にワークシートに従って、私の指導を受けているつもりになって、あなたのFX投資のタイプを分析してみましょう。

あなたがトレードで負けた時、次の質問をしますのでお答えください。

Q1．なぜ、あなたは負けるのか？その原因は何でしょうか？

A1．

（例：負けると焦ってしまってより負けてしまう。負けを認められなくて熱くなってしまう。損切りができない　etc）

自分なりに原因追究をしてみましょう。

Q2．今後、負けないようにするためにはどうすれば良いのか？

（どうやったら、悪い癖をなおせるのか？）

A２.

（例：ずっとトレードを追うのをやめる。自動設定にして負ける瞬間を見ないようにする ｅｔｃ）

あなたの癖、負けてしまう癖がどこにあるのか？ 分析して、１つ１つなおしていきましょう。

Q３．勝つためにはどうしたら良いのか？

A３.

（例：感情のコントロールをする。勝つ方法を徹底的に信じて動じないようにする。何度もデモトレードをして勝てることの確信をする ｅｔｃ）

この3番の答えが一番重要なのです。これが分かっていれば苦労しないと思われると考えられます。回答が欲しいと思われるかと思いますが、スクールでも、まずは、自分で考えるようにしてもらっています。自分で考える癖を作らないといつまで経っても、自分で自分を分析して、改善して勝てるように変われないからです。

全ての答えはあなたの中にあると考えられます。そして、その答え合わせは、デモトレードを実践することです。すぐに、正解か？　不正解か？　あなたのトレード結果が答えを出してくれます。

あなたは十分合格圏内に入ったということなのです。

■外国為替（FX）市場の仕組みと為替レート

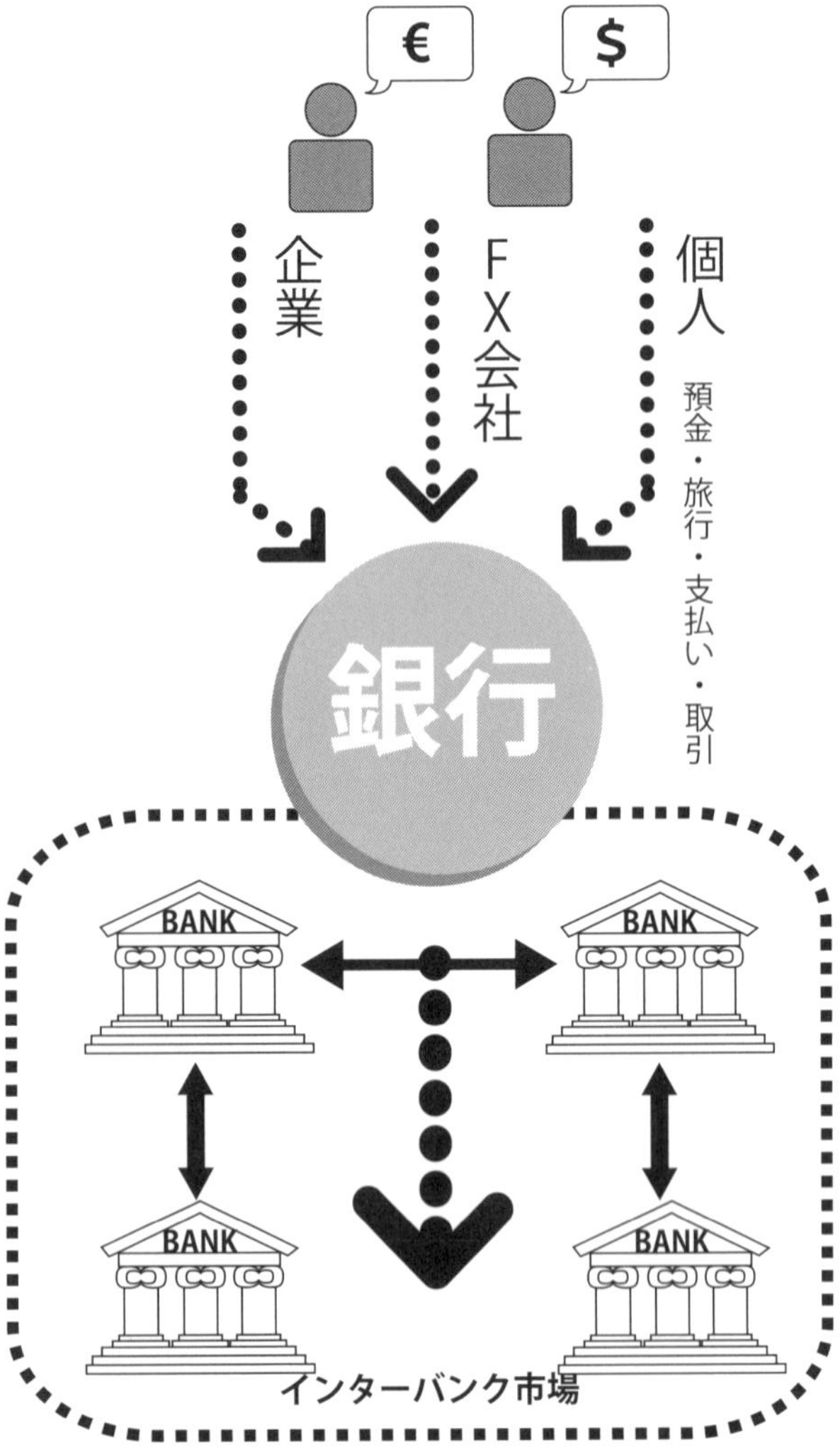

・外国為替市場は、証券取引所ではなく「銀行間取引」の需給で価格が決まる。

・実体はない仮想市場だが一日の取引量が500兆円にもなる巨大なマーケット。

■通貨別で見た外国為替市場の世界シェア（往復換算値）

順位	通貨	世界シェア
1	米ドル	87.0%
2	ユーロ	33.4%
3	日本円	23.0%
4	英ポンド	11.8%
5	オーストラリアドル	8.6%
6	スイスフラン	5.2%
7	カナダドル	4.6%
8	メキシコペソ	2.5%
9	人民元	2.2%
10	ニュージーランドドル	2.0%

2013.05
※ＢＩＳ銀行データ

米ドルがシェア NO. 1 ユーロ近年急伸
円は約 10%程度 元の動向に注目

■国別で見た外国為替（FX）市場の取引シェア

1日の外国為替取引シェア（国別）

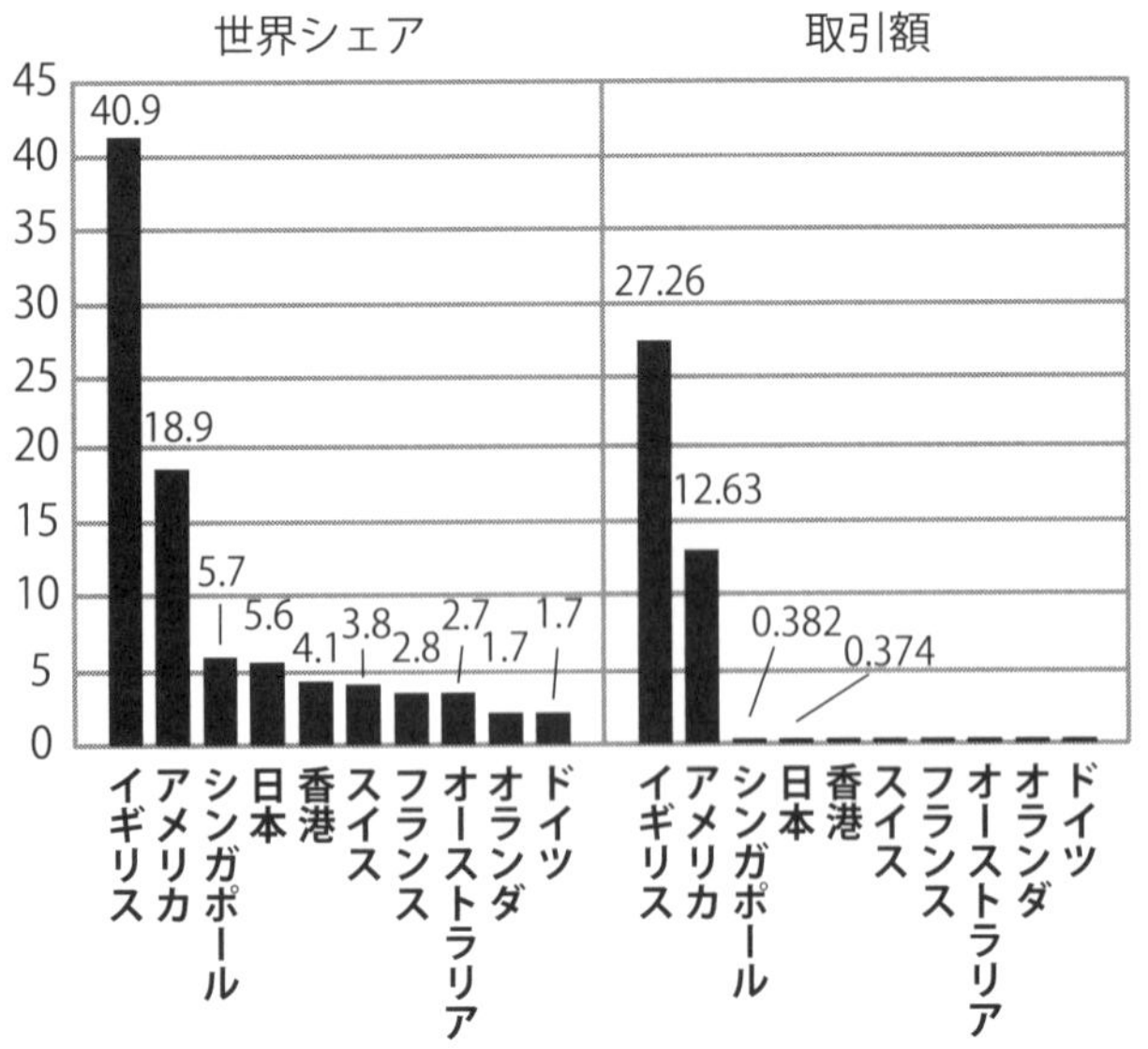

国際決済銀行（BIS）2013年度データより単位：%（シェア）・1000億ドル（取引額）

・外国為替 市場で最も取引を行っている国は「イギリス」（取引ボリュームシェア：約40%以上、取引金額：約272兆円以上）

・米国の取引シェアは約19%で世界第二位、日本は約5.6%で世界四位

・為替取引のメインはロンドン・ニューヨーク市場、アジア時間帯シェアは20%以下

■外国為替（FX）市場の一日の流れ（概算）

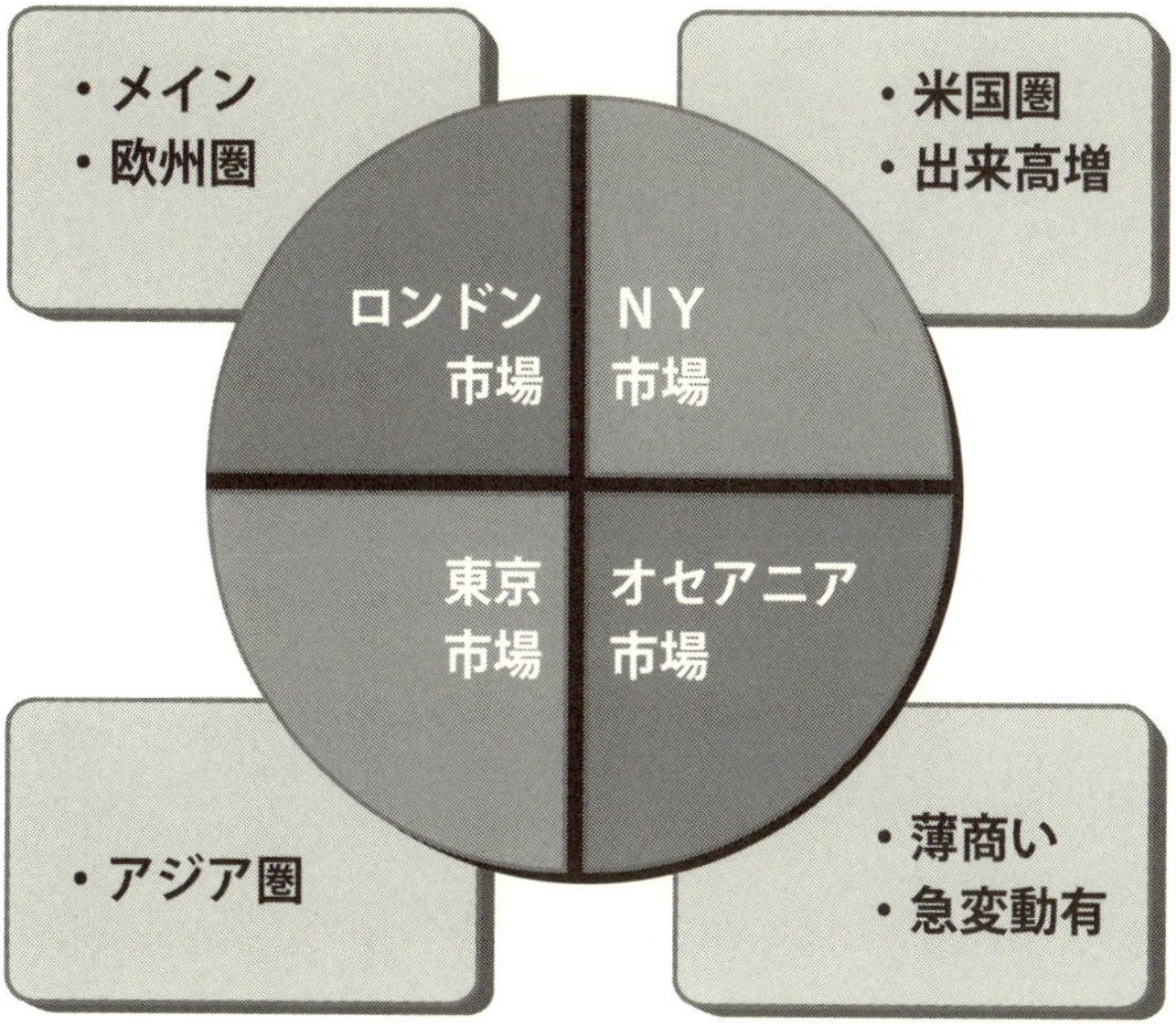

外国為替（ＦＸ）市場の一日の主要市場別取引時間（概算）

ロンドン市場	17:00-02:00
ニューヨーク市場	22:00-05:00
オセアニア	05:00-15:00
東京市場	08:00-16:00

外国為替市場は月～土の早朝まで 24 時間オープンし続けている。

※ GMT（グリニッジ）時間基準を日本時間に調整、冬時間は＋ 1 時間

■外国為替証拠金取引（ＦＸ）

世界各国の「通貨」を売買（取引）することで収益が狙える投資方法

FXの特徴

・為替レートの変化で収益が狙えるので仕組みや結果が分かりやすい
・証拠金取引のため株や商品先物と比べて少ない資金で取引が開始できる
・24時間取引ができるため時間の制限が無い
・日中仕事や家事・育児で忙しい人でも夜や空いた時間に取引できる
・小額からでもハイリターンが狙える
・取引中は金利が発生する
・資産の分散目的でも活用できる
・資金管理をすることでリスクの調整ができる

FXの利益要因

為替差益

為替レートの変動による差益
上下どちらでも利益が狙える

スワップ金利

保有期間中発生する金利
高金利の国ほど大きくなる

レバレッジ

資金以上の取引が可能な仕組み
個人は資金の 25 倍まで取引可能

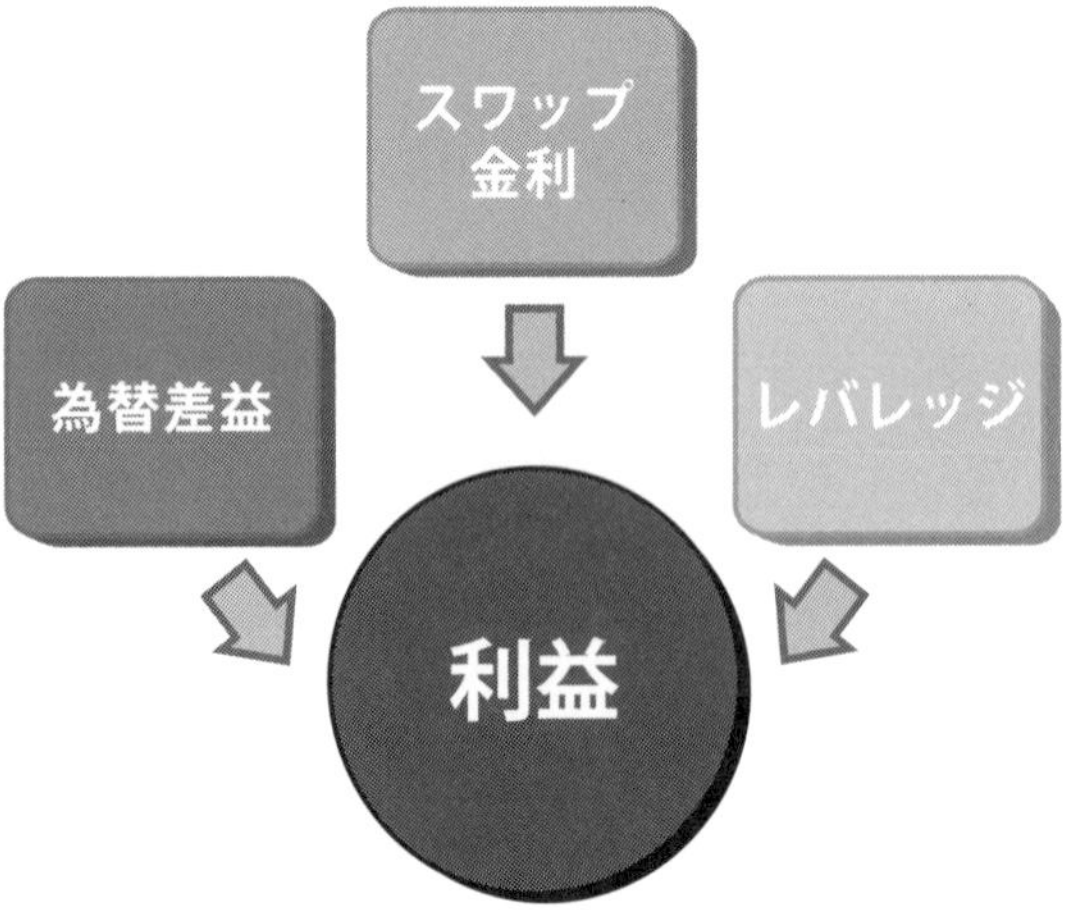

FX の利益はこれらの要因で発生

外国為替証拠金取引（FX）のスワップ金利

スワップ金利とは

スワップ金利とは？ スワップ（金利）とは二国間の通貨の「金利差」のこと。FXでは、金利の低い通貨か ら金利の高い通貨へ交換する（低金利通貨を売り高金利通貨を買う）ことで、差額 分のスワップ金利を保有期間中毎日受取ることができる。反対に、金利の高い通貨 を売って金利の低い通貨を買う場合は、毎日差額分のスワップ金利を証券会社へ 支払うことになる。

金利の低い通貨で
金利の高い通過を買う
差額分の金利を毎日もらえる

スワップ金利の特徴

各国の政策金利の変化によってスワップ金利も上下する 証券会社別でもスワップ金利は異なる（基本毎日変動）・実際のスワップ金利

通貨種類	USD/JPY	EUR/JPY	GBP/JPY	AUD/JPY	NZD/JPY
日数	1	1	1	1	1
売り（ポイント）	−17	−3	−3.8	−9.5	−10.9
買い（ポイント）	0.2	1.2	1.6	8.5	7.6
売り（円換算後）	−1.7	−3	−3.8	−9.5	−10.9
買い（円換算後）	0.2	1.2	1.6	8.5	7.6

外国為替証拠金取引（ＦＸ）の為替差損益

為替差益とは？

為替レートの変動によって生じた利益のこと

為替差損とは？

為替レートの変動によって生じた損失のこと

為替差損益のイメージ

「買い(BUY)」のケース

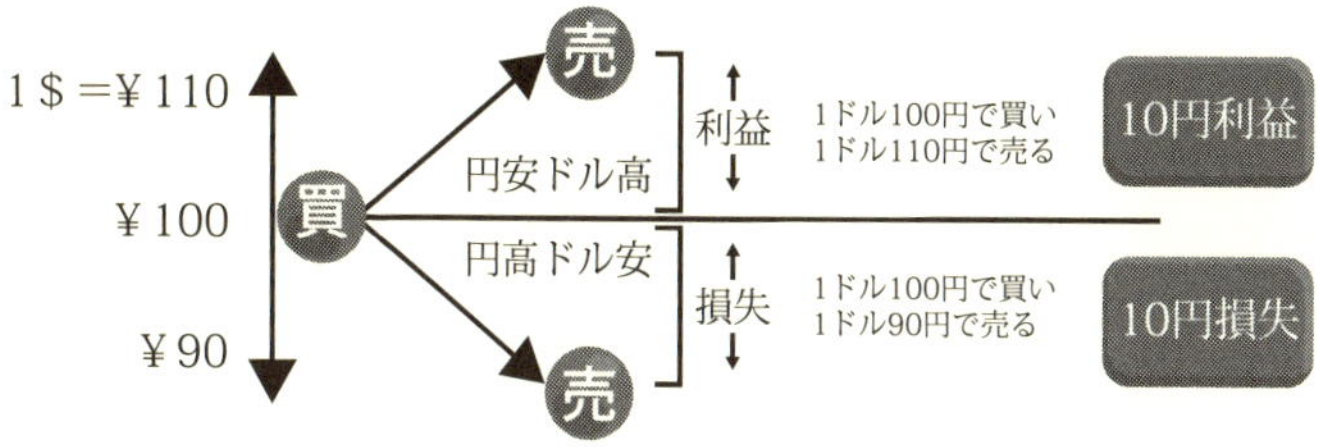

「売り(SELL)」のケース

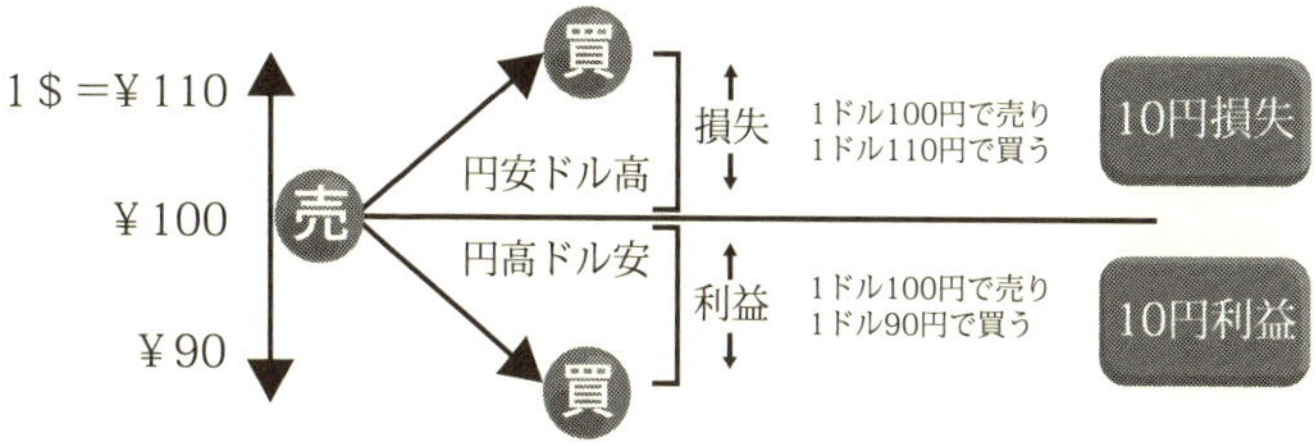

為替レートの見方は？

→外国為替レートは、売値と買値で表示される

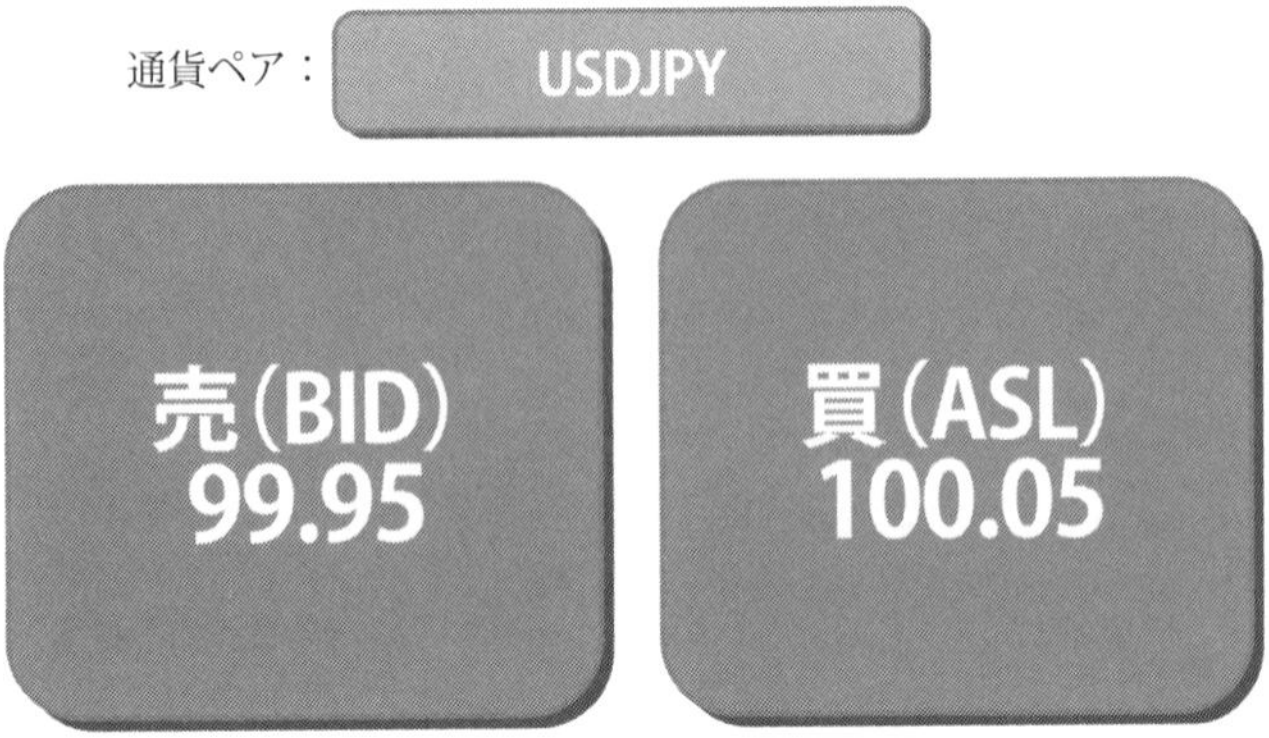

売値（ＢＩＤ）
ＵＳＤＪＰＹを売り保持できるレート。買いポジションのＵＳＤＪＰＹを決済できるレート。

買値（ＡＳＫ）
ＵＳＤＪＰＹを買い保持できるレート。売りポジションのＵＳＤＪＰＹを決済できるレート。

売値（BID）と買値（ASK）の差をスプレッドと呼ぶ

買値 100.05 円－ 99.95 円＝ 0.1 円

スプレッドは、証券会社（取引業者）の収入（手数料）となる

■外国為替証拠金取引（ＦＸ）のレバレッジ

レバレッジ（証拠金）とは？

レバレッジとは直訳すると「てこの原理」の意味だが、FX や投資の世界では、借入れ 等を利用して自己資金よりも大きな金額を取引することを指す。日本国内の FX 個 人口座で利用できる最大レバレッジは自己資金の 25 倍まで、法人口座は最大数 百倍ものレバレッジを使用可能。（※海外は個人口座で数百倍以上可）

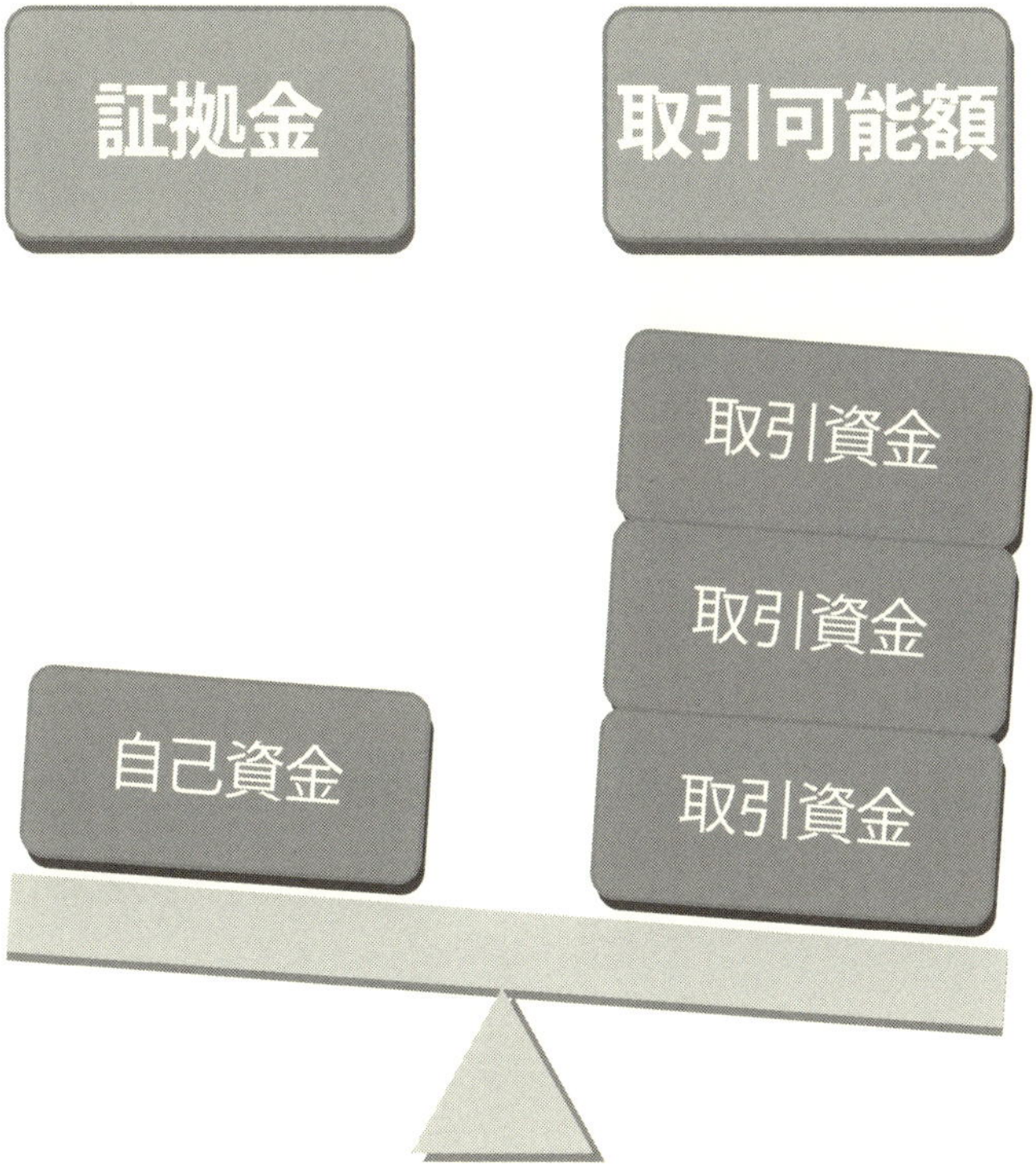

■外国為替証拠金取引（ＦＸ）のレバレッジを活用するメリット

レバレッジを活用するメリット

1. 資金効率を高めることで大きなリターンが狙える

2. 少ない資金からでも取引を開始できる

※ レバレッジを活用する場合、その分だけリスクも大きくなることに注意する必要がある

■外国為替証拠金取引（FX）の利益イメージ

FXで利益を出すためのポイントチェック

1. 為替差益を狙う
2. スワップ金利を狙う
3. レバレッジを活用する

FXで利益を増大させるためのポイント

メイン収益は「為替差益」と「スワップ」で安定させる レバレッジは「安定収益」の増大化のために使う

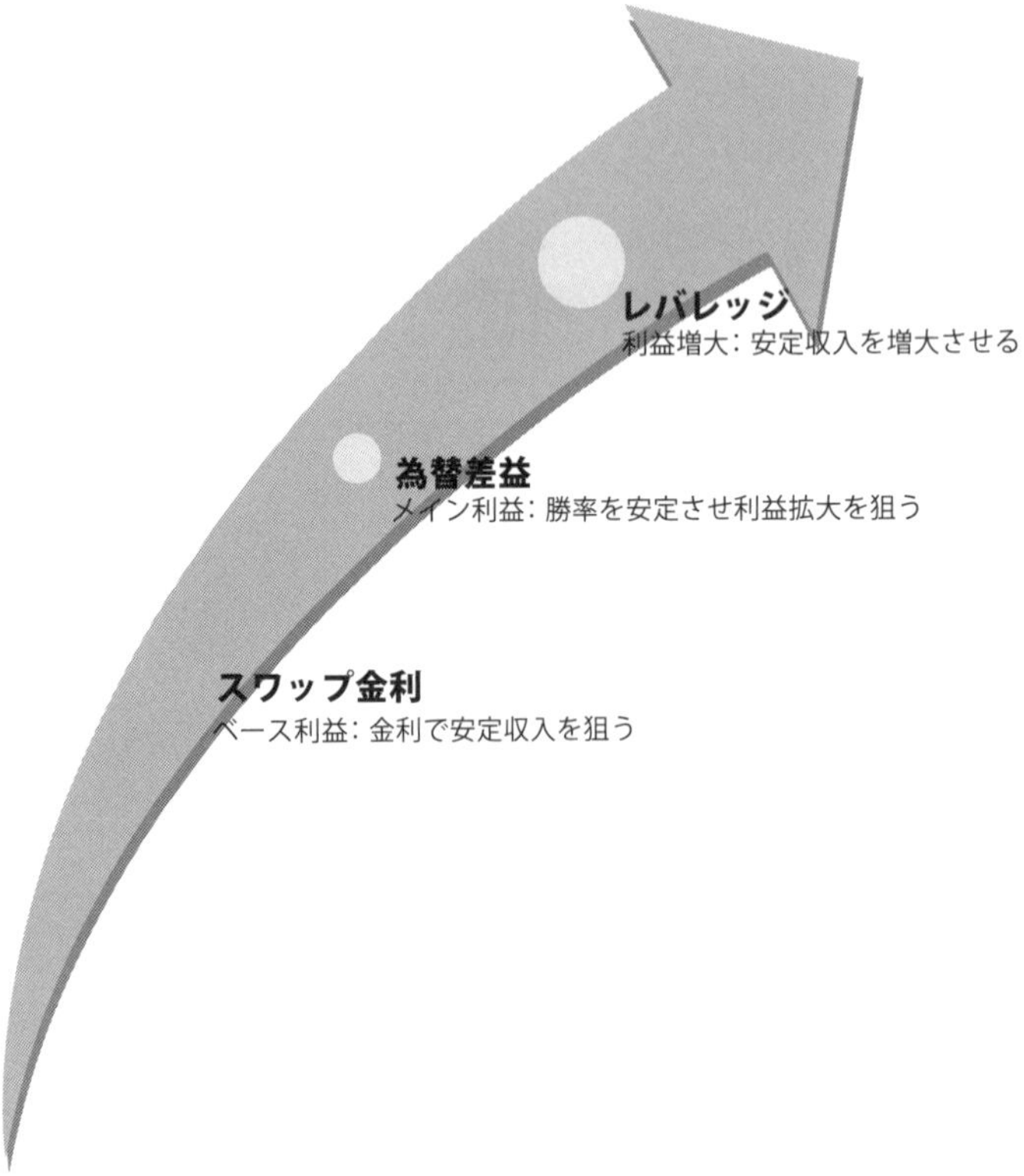

■外国為替証拠金取引（ＦＸ）の注意点とリスク

FX取引を開始する上で知っておきたい注意ポイント

為替変動

- テロ、戦争
- 金融危機
- 経済イベント
- 選挙、金融政策
- 就寝中など

システムダウン

- PCの不調
- 回戦トラブル
- ネット環境
- サーバーエラー
- セキュリティ

ブローカー

- 取引条件
- 分別管理
- 信託保全
- 信用リスク
- セキュリティ

ＦＸ取引の主なリスク

為替レートの変動による損失リスク

金利変動による支払リスク

システムエラー
流動性リスク

質問の回答

P32 の回答：50％

P44 の回答：負けないこと

P60 の回答：10 セット 20 回

P78 の回答：移動平均線

P116 の回答：マインド

あとがき

安倍政権が「これから株価を上げていく」と宣言しているのだから、これから、一世一代の大勝負に出る時期が来ています。男として生まれたのだから、一生に一度くらいは、勝負をしたいと僕は思いました。それも『この相場なら勝てるだろう』というカチカチに堅い案件で、勝負したいと思いました。

もちろん、あなたに強要はしません。ですが、勝つか、負けるかは、ほんの一瞬の胆力にかかってきています。臆病者、チキン野郎が、相場で勝てるはずがないのです。「今、ここだ」という瞬間に、全力を集中できるかどうかで、人生は決まるのです。是非、本気で勝ちに行きましょう。

人生を変える大勝負は、すぐそこまで迫っています。

株式取引および外国為替証拠金取引には、常に価格変動に伴うリスクが存在します。

本著作物に記載された情報はあくまで参考として活用するもので、運用利益や投資資金を保証するものではありません。爆発的な収益やハイリスク・ハイリターンな取引よりも、安全な運用を最優先に利用してください。

投資利益が年間20万円以上出た場合、日本の税務署に申告する義務があります。

本著作物の情報は、２０１５年11月時点のものです。実際に投資をする場合は、最新の情報をお調べいただくことをお勧めします。

平成27年11月

本誌掲載の説明動画は
こちらから！

以下のＱＲコード、ＵＲＬから
各章の説明動画にアクセスできます。

http://coin-fx.com

山崎　毅（やまざき・つよし）
1982年生まれ。大学卒業後、さわかみ投信株式会社に入社し、顧客管理・企業調査・アナリストなど幅広い日本株の資産運用業務に従事。
その後独立し、FXトレードの利益で世界一周旅行を達成したバックパッカートレーダーズ、海外証券会社やヘッジファンドなどへのトレード・コンサルティングを経て、投資助言・代理業ヘッジファンドバンキング株式会社を設立。
現在は、マレーシアに在住。トレーダーとして自己資金の運用を行いながら、投資教育やグローバル資産運用業務の構築など、幅広く活躍している。

【年収《ねんしゅう》2000万円《まんえん》】10円玉《えんだま》1枚《まい》で勝《か》ち続《つづ》けるFX攻略《こうりゃく》

2015年12月9日　　初版発行

著者　山崎　毅
発行者　常塚嘉明
発行所　株式会社　ぱる出版

〒160-0011　東京都新宿区若葉1-9-16
03(3353)2835—代表　03(3353)2826—FAX
03(3353)3679—編集
振替　東京　00100-3-131586
印刷・製本　中央精版印刷(株)

ISBN978-4-8272-0970-9　C0033